JN223867

私って認知症!?

認知症かも?
と不安な人、
家族の介護で
悩む人へ

微風幸子
Soyokaze
Sachiko

風詠社

（イラスト　芝村友美）

はじめに

私は長年、介護支援専門員（ケアマネージャー）という仕事をし、多くの認知症利用者やそのご家族の支援にあたってきました。その間、認知症の専門知識も充分学習し、それを生かした支援やアドバイスもしてきたはずでした。

ところが、自分の日常生活や仕事のこなし方から見て、自分が認知症ではないか、あるいは認知症が始まっているのではないかと心配になり、何とも言えない不安にかられてしまいました。人に話しても「みんな、そんなもんよ」と軽くいなされ、医師に相談しても「年相応ですよ」と言われてしまい、わかってもらえません。どうしたらいいのか、今できることはないのか、という気持ちがどんどん膨らみ、とうとう仕事を辞めることにしました。

そんなとき、ある本でＭＣＩ（軽度認知障害）という言葉を知り、そのことについて学んでいくことで私は救われました。そして、自分が認知症ではないかという不安から幾人もの医師の診察を受け、医師との関わり方についても多くのことを学びました。それらの経験から、今、自分が認知症ではないかと悩んでいる人や、この先、認知症になるのではないかと不安に思っている人、家族に認知症の気配を感じている人、認知症の家族の介護で苦労されている人たちのお役に立てるのではないかと思い、本にまとめてみようと考えたのです。

ＭＣＩを学び、今の症状を受け入れることができて、私は気持ちが軽くなりました。原稿を執筆しながら、少しは成長（覚悟？）ができたのかもしれません。「あまり真剣にならず、明るく前向きに生きよう」と気持ちが変化してきたことが嬉しく、この作品が完成する頃には、なんだかＭＣＩも何とか乗り切れそうな気がしてきました。

そこで、悪戯心で登場人物のイラストを挿入してみたいと、最後の段階で思い付きました。ちなみに事例で登場する方の名前もイラストも、本人とは全く無関係なものです。認知症になるのではないかという不安を抱えている方や、認知症の方の介護で苦労されている方々の気持ちが、少しでも明るくなる効果があればいいのですが。

本書では、長年たずさわってきた介護職の経験から、認知症介護が上手くいった事例や上手くいかなかった事例など、具体的な例を数多く紹介させていただきます。

きっと、ご自身に当てはまる事例もあるのではないでしょうか。

第1部では、自分自身が認知症になるのではという不安をどのように克服しようとしてきたかやMCIについての私なりの知識を、第2部では、認知症介護をしていく上での心構えや具体的な対応方法をご説明していきます。

本書が、皆様の現在置かれている状況を改善するための何らかのヒントになればと願っています。

かずこさん
きよしさん
作者さっちゃん
みのるさん
やすこさん
なっちゃん
○りこさん
さだおさん
M先生
えみさん
はなさん
ようこさん

私って認知症!?

もくじ

第1部　症状を知るために

お水あげたっけ？

第1章　認知症かもしれないという不安の日々

1．あるある話で不安を解消していた私

医師の診断はなく、無意識のうちに笑いでごまかしていた

私は介護支援専門員（ケアマネジャー）という仕事が好きで、長年たずさわってきました。ところが、60歳が近づく頃、物忘れが増えたような気がして、糖尿病でお世話になっている担当の先生に相談したのですが、検査をしても異状は見られず、先生からは「ゆっくりすれば、そうした症状はなくなりますよ」と言われただけでした。不安を持ちながらも、特に生活や仕事上での支障は感じられなかったため、日々の忙しさにかまけて時を過ごしていました。

そんな調子で5～6年が過ぎた頃です。記憶力の低下に加えて、ほとんど毎日探し

ものをしたり、勘違いによる失敗も時々あったことから、知らず知らずのうちに症状が悪化しているような気がしました。次第に認知症が進行しているのではないかという不安が大きくなり、時々友人や同業の人たちに記憶力の低下について、物忘れや勘違いでの失敗などの話をしてみるも、ほとんどの人たちは「あるある。そんなことは私もあるし、誰にでもよくあること」と言って、全く認知症とは無縁とばかりに信じてくれなかったのですが、私はそんなふうに受け流してくれることをむしろ期待して話し、笑うことで不安を解消していたのかもしれません。

ところが、あるとき失敗談を笑い飛ばしている仲間の中の1人が「実は自分もそうではないかと気になっている」と言ったのです。お互いに慰めの意味もあったのでしょうか、認知症についてはリアルな話ではなく笑い話で済ませたいという無意識の気持ちが、私だけではなく他の人たちにもあったのだと気付きました。

こうして私同様、認知症になるかもしれない不安を持っている人が少なからずいることがわかったのです（失礼ながら、それを知り、いくらか気が楽になった気がしました。ごめんなさい）。

2．こんな笑える失敗が数々ありました

今聞いたばかりの説明を、また聞いてしまう

テレビを買い換えたときのことです。

業者の人がテレビを設置した後に、初期設定をし、操作方法を説明してくれました。初期設定では聞かれたことに答えるだけで、操作は全部業者の人がしてくれます。

それまで使っていたビデオを新しいテレビに接続してもらい、テレビからビデオへの切り替え方法について教えてもらいました。その後、細かい操作の説明まで終わると、「何かわからないことはありますか？」と聞かれました。私は咄嗟に「ビデオに切り替えるときはどうするのですか？」と聞いてしまったのです。

その時の教えてくれた人のびっくりした顔といったら、ありませんでした。一瞬、間が空いて「さっき説明しましたよね」と言いつつも、再度説明してくれたのですが、その時にさっき説明してくれた内容を思い出しました。

私は「ごめんなさい、さっき聞きました。ごめん、ごめん」と平謝りすると、きっ

と「アッ、このおばちゃんボケてるわ」と思ったのでしょう、そんな顔をしていました。

ちょっとバツが悪かったので「ごめんね～。私、近頃ボケてるみたい」と笑ってごまかしました（一度にたくさん聞くと、記憶の抜け落ちがいくつかあるようです）。

おつり、こんなにもらっていいの?

４５０円の買い物をしたときのことです。

千円札を出したので５５０円のお釣りをもらえばいいのですが、50円玉が財布にあったので私はそれを使おうと思って、千円札と１５０円を出したようです。なぜか私の頭の中でボタンのかけ違いが起きたようです。店員さんも不思議がらずに受け取り、平然と「７００円のおつりです」と言って私に差し出しました。

私はそれをボーと受け取り、財布に入れようとして違和感を覚えました。おつりが多いように思えたのですが、すぐには状況がわからなかったので店員に聞きました。

「おつりこんなにもらっていいの？」

「1150円もらいましたので」

ハッと気付いた私は、お～恥ずかしいと飛んで逃げ帰りました（おつりで戸惑うことが時々ありますが、リハビリのため恥を覚悟で今も小銭を活用しています）。

電動ドリルで、なぜかネジが締まらない

ちょっと難しい作業なので、友人に手伝ってもらっていたときのことです。

私は日曜大工が好きで、工具をたくさん持っています。それを見た友人から「女所帯でこんなに揃えているなんてすごい」と褒められて有頂天になり、まず電動ドリルで穴を空け、穴空け用先端部を外してネジ用の先端部に取り換え、ネジを締め付けるという簡単な作業を繰り返していました。

3か所目のときです。ドリルで穴を空け電動器具にネジ用の先端部をセットするまではよかったものの、そのまますぐドリルで空けた穴に入れて回していました。4～5秒は気が付かず、ネジが入り込む感触がないまま回していると、側で見ていた友人がこう言いました。

「あの……ネジがついていないけど……」

一瞬、?…となりましたが、ハッと気が付いてビックリ!!　私は思わず「うわっはっは」と笑い、「いくら頑張ってもネジがついてなきゃ止まらないわ」と言っていました。

もう開き直りです。笑ってごまかすことも板についてきました。長年重宝して使ってきた工具でさえ、しばらく使わなかったためか、注意力の低下によるものか、こういうことが多くなっています。

目的地に着いたはずなのに、あるはずの会館が見当たらない

ある研修のため、講演を聴きに行ったときのことです。

会場は以前、何度か行ったことのある会館だったため、何の不安もなく出かけました。出かける前にたまたま電話が長引き、約束の時間ぎりぎりになってしまいました。焦って車を走らせたせいか、間に合ったと安心したのも束の間、その道筋にあるはずの目的の会館が見当たりません。「なんでないの？」と思いながら、見落として行き過ぎたのかと2往復したけれど、見つからないのです。狐につままれたような気分でした。

パニックになりそうだったので「ゆっくり考えよう」と車を止め、今いる場所がどこなのかと、ここまで走ってきた経路を辿りながら考えていると、ふっと思い出しま

した。「そうだここは○○道路の下り線だった。あの会館は上り線にあったはずだ」と急いで方向転換し、何とか講演が始まる直前に辿り着くことができました。

自分でもなんでこんな簡単なミスを、すぐに気付かないのだろうと不思議なくらい、思い出すのに時間がかかりました。

3．よくある簡単なミスでも、頻回に起こると深刻です

自分の認知症らしき症状と真剣に向き合うが

私の場合は認知症の初期症状なのか、それとも認知症になってしまったのかとの思いもありましたが、それを受け入れることができず、思い込みからくる簡単なミスや頻回な忘れ等は慣れによるものでしょうか？　しばらくは当初ほどの深刻さを感じなくなっていました。けれど、その後、また気になることが増えてきます。

あまり馴染みのないことや興味のない話を聞く際、内容を理解するのに遅れが出ます。そのため、会話について行きにくいことが時々ありました。

例えば、わからないままいい加減に話を聞いているのは失礼だと思い、「ごめん、理解力が低下しているのでゆっくり話して」とか「もう一度教えて」などと言って、時々相手を煩わせるようになってきたのです。

また、久しぶりに会った人の場合、顔は覚えているけれど名前が思い出せないことがあります。そんなときは会話の途中で必死に思い出そうと頑張ります。運良く思い出せることもありますが、最後までわからないときもあります。それでも何とか話を合わせながらその場をしのげるものの、とても後味が悪くて情けない気持ちになります。なので、最近は「失礼ですが、顔はしっかり覚えているのに名前を忘れてしまいました。もう一度教えてもらえますか」と単刀直入に尋ねるようにしています。当然、その方の気持ちを考えて、フォローすることも心掛けています。例えば「今日は会えてよかった。最近、物忘れが酷くなっているので、忘れないうちにまた会いたいですね。でも、そのときにまた思い出せなかったら許してね」と。

相手によっては恐縮して丁寧に話したり、フレンドリーに話したほうがいいのかの判断はしています。こういうところが、ＭＣＩと認知症の違いになるのかもしれませんね。

でも、自分で感じているこんな症状を取り繕う能力はあっても、精神的にはかなり疲れます。その疲れを癒す方法として、私は恥をさらすことが手っ取り早いストレス解消法と自分なりに悟りました。

4．他人にはわかってもらえない自分の苦悩

落ち込む日々と、仕事はもう続けられないと決心した時期

これ以上どんな先生に診てもらっても同じこと、３人の専門医が口を揃えて「大丈夫」と言ってくれたのだからと、10年近くもそのままにして過ごしてきたけれど、その間にますます症状は進行していると思いました。

気楽に過ごそうと思って開き直っても、物忘れによる失敗が続くと「やっぱりこのままでは認知症になる」という思いが強くなり、状況の悪化を思い悩みながらも何の手立てもなく、どうしてよいのかわからず落ち込むということの繰り返しです。時には、普通ではないとの思いが膨らんで落ち込み、何とかしなければという焦りと認知

症は治らないのだという絶望的な考えが、頭の中で走り回っていました。でも、そんな辛い気持ちから少し立ち直ることができ、とにかくこの状態を打破しなければと、真剣に考えるようになりました。

物忘れによるミスを何とか取り繕いカバーできてはいたものの、そのために労力や気力を使い、とても疲れてしまいます。それに、利用者の家族にこの先迷惑をかけるようなことになったらという不安も強くなり、好きな仕事を辞めるのは辛く寂しいことだけど、70歳を前に介護の仕事を辞める決心をしました。

けれど、私の状況や不安を説明しても、誰にもわかってもらえませんでした。みんなからは「それは考え過ぎ」とか「誰でもそんなことはある」「あなたに限って絶対に大丈夫」などと言ってもらい、それは嬉しくもあり有難いことでした。だからこそ、なおさら迷惑はかけられないと、自分自身の判断で時間をかけて丁寧に説明をして、仕事を辞めることを理解してもらいました。

私は健常な頃から常に大事なことをメモ書きするために手帳を携帯していましたが、気が付くと些細なことや、その詳細まで書くようになっていました。それは、メモ程度では書いたことが何だったのかを思い出せないことがあるからです。

こうして、2年ほど自分の症状の説明に時間を要し、ケアマネ業務を終了することができました。

MCIを知って救われた

これまでもケアマネとして認知症に対する研修や資格試験を受けるなど、勉強はしてきたつもりです。けれど、それは介護支援者としての勉強であり、認知症については大まかな知識だけしかないことに気付きました。もっと詳しく勉強したいと思うようになり調べていると、ある本に興味深いことが書かれていました。

それは、近年、行われている認知症研究の中で「物忘れが始まった頃から遡って20～30年前に、既にアルツハイマー型認知症が始まっていることが解明された」ということと「軽度認知障害というものがあり、それは認知症ではなく改善の可能性もある」というものでした。

そこに書かれていた内容を読んで、初めてＭＣＩについての原因や症状などの詳細がわかり、それが自分の症状に似ていることから少し救われた思いがしました（ＭＣ

Ｉの詳しい説明は第３章をご覧ください）。

しかしながら、いくら認知症だのＭＣＩだのと学んでも、学びだけでは治るはずもありません。多くの認知症の方やその家族と接して、認知症に気付いたら早期に適切な対応を施す重要性や対応方法などをアドバイスし、支援していたにもかかわらず、自分自身の症状に関しては、ずるずると何の処置もせず、ここまで来てしまったことに対して恥ずかしい思いでした。

今度こそはと、真剣に認知症専門医に診ていただくために前に一度診察していただいた先生の中で好印象だった２人の先生のうちの１人に、今後の私を継続して診ていただけるようお願いし、それなりの指導を受けるべきと観念しました。

医師でも高性能の検査機器でもわからない、脳や精神的な異変

体験者として思ったことは、心身の状況や変化、本人が感じている感覚などが正確にわかるのは、医師でも高性能の検査機器でもなく、自分だけだということでした。

専門の医師であっても、特に認知症の初期の場合は検査の結果が出ないと診断は下

医師でも高性能の機器でもわからない脳や精神的異変

認知症の流れ		BPSD	
原因となる病気 →	中核症状 →	周辺症状（心理症状）	（行動症状）
・アルツハイマー病	・記憶障害・見当識障害	・抑うつ	・暴言・暴力
・脳血管障害	・失語・失認・失行	・不安・焦燥	・異食行為
・前頭側頭葉変性症	・実行機能障害	・妄想・幻覚	・不潔行為
・レビー小体病	・判断力の低下	・幻視・誤認	・徘徊・失禁
等々	等々	等々	等々

せないのだと聞きました。診断が出なければ医療保険は使えません、検査で異状はなくても、いわゆる認知症状のBPSD（**周辺症状**）という症状が出て初めて、薬の処方や医療による治療を受けることができるのです。

　これまで、あまり気にしていなかったことですが、自分がその立場になって思ったことは「MCI」は早期発見・早期治療が大切だと言われているのに、医療は手が出せません。だとすると福祉に頼ることになるのですが、介護を受けるには医師の診断が必要になります。どうしたらいいのでしょう。

　家族もなく、そのまま放置するわけにはいかないという方の場合は、周囲の人が気付いてくれるのを待つだけです。私が介護の仕事をしていたときは、時々民生委員さんや近所の方から「最近、○○さんの様子がおかしいので、認知症ではないかと心配だから会って話をしてみてくれませんか」という相談をもらいました。

そんなときは、当事者にお会いして、ご本人との会話や生活状況などを見せてもらい、必要ならば介護申請する準備をし、認知症専門医の先生につなぎ、その人の情報を詳しく説明します。

例えば「週2～3回でもデイサービスで人と触れ合う時間を持つことで進行を防ぎたい」とか「忘れがちな服薬管理をヘルパーさんにお願いして、毎日が不安なく過ごしてもらえるようにしたい」などと、その人にとって必要なことをしっかり伝え、意見書を書いていただくようにお願いしていますが、いつもそう上手くいくわけでもなく、理解してくれる先生とそうでない先生がいるのが現状です。

自分自身の診断でホッとできた不思議な感覚

私は、担当医の他に2人の専門医師の診断も受けてみましたが、結果は同じでした。医師たちは皆「心身の疲れを癒すことで、感じている症状は改善する」と言うのですが、簡単にできることではなく、何の手だてもないまま時が過ぎていきます。

詳しいことはわかりませんが、ＭＣＩのことを知った私は自分の症状に当てはまるような気がして、私はＭＣＩなのでは？と思うようになると、不思議なことにそれまでの不安が和らぎ、気持ちが軽くなりました。ＭＣＩは軽度の認知障害であり、認知症ではないので、それは私にとって希望を持てる発見でした。自身がＭＣＩであるということに早く気付いて、適切に対応すれば改善することもあるというのです。

なぜか２人の認知症専門医からは「ＭＣＩ」という言葉は聞けませんでしたが、もっとＭＣＩについて学びたいと１つの目標ができました。

自分の状態は変わらないのに、MCIなら改善できるという希望が

私の人生も終末が近づいていると感じて落ち込んだ時期がありましたが、不思議なことに「私はＭＣＩかも」と思うと不安が和らぎました。認知障害らしきものがあっても認知症ではないということと、改善や現状維持が可能であるということを知り、確証はないまでも何となく希望が湧いてきました。

もっとMCIについて情報を集めて、今後、同じように不安を抱えている人たちとともに、改善しないまでも認知症に至らないように情報を共有し、助け合いながら笑いのある生活を維持することができるのではないかと、変な自信がチラリと頭に浮かんだりして、久々にニンマリとした気分になりました（60代初めの頃に淡い夢として「同じような年頃で身体や認知機能低下の不安を抱えながらも元気な高齢者たちが、協働でお互いを刺激しながら暮らせるような環境作りができればいいな」と考えていたことがありました。それがこうして執筆しながらふっと甦ったのです）。

第2章　体験から学んだ受診に向けた心構え

1. 認知症専門医の選択

出会いの困難さ

以前は、近くにある医院ならどこも同じと思っていたのですが、ケアマネという仕事をしてからは多くの医師に出会うことで医者としての在り方が見えてきて、診察してもらう医師によって大きな差があることがわかりました。

どんな人に対しても変わりなく丁寧に診てくださる先生と、忙しいからと通り一遍な対応をしている先生とでは、患者にとってその後の生活に大きな差が出るのは当然です。それだけにどんな医師に診てもらうかは、慎重に考えなければなりません。私の場合は「今からでも遅くない」と自分に言い聞かせ、良いドクターに巡り会えれば私の人生も変わってくると信じて、まずは病院探しから始めました。

今後主治医として診ていただく専門の担当医を決めようとケアマネ仲間に聞いてみたものの、専門病院はたくさんあるけれど薦められるような医師は知らないとの返事ばかりでしたが、ある人からの情報で「コウノメソッド」という治療法が良いと聞き、インターネットで調べてみました。

それによると、コウノメソッドとは次のようなものでした。

・長年にわたり認知症治療にたずさわってきた名古屋の河野和彦先生が豊富な経験から導き出した治療法
・コウノメソッドに賛同する全国の医師を実践医登録してインターネットで公開している
・東洋医学も取り入れた個人に合わせた処方、患者さんのキャラクターと体質に合わ

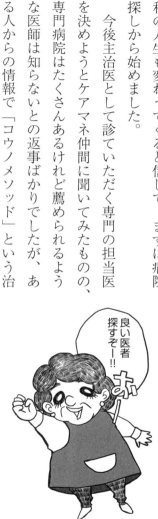

せて薬を微調整する等、一人ひとりを考えていく医療を目指している
・患者さんや家族を中心にとらえ、家族介護が続けられるよう患者さんのBPSDやアパシー（意欲の喪失）などを極力改善して、介護者を救う、という視点も含まれている
・コウノメソッドは処方の難しいピック病やレビー小体型認知症でも大きな成果を上げている

数多くおられる登録医の情報からも得た私の個人的な受け取り方なので正確かどうかはわかりませんが、こんな先生に診ていただきたいと思い、名古屋までは遠いので、通院しやすい地域の登録医の中から1人の先生を選んで出かけました。

そこは、自宅から車で1時間ほどのところにある医院でした。その医院に入った瞬間から緊張することもなくゆったりできる雰囲気で、一般的な病院とは違い患者の

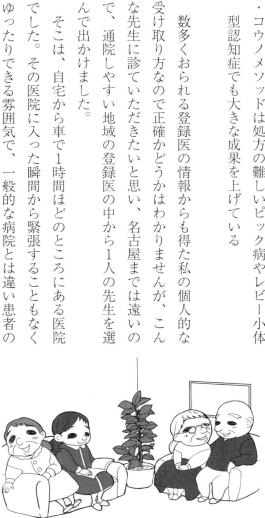

プライバシーに配慮して待合を別室にするなど、長くはない待ち時間をくつろいで過ごすことができました。

問診は患者の話をゆっくり丁寧に聞くことから始まり、すぐに検査や薬のことは言わず、患者が気にしていることやどのようにありたいかといった話を聴いてくれます。そうしたことに好感が持てて信頼できる先生だと思えました。

自分自身が異状を感じていることや認知症に対する不安を訴えると、これまで診てもらった他の先生たちと同様に「忙しさで一時的なもの」と言われたのですが、徐々に物忘れが酷くなり探しものも多くなっていることなどを説明すると「そんなに気になるのなら検査をしましょう」と言われ、ＭＲＩと血液検査をしてもらいました。けれど、後日届いた検査結果はやはり異状はないとのことでした。

どうしたものかと悩みながら1年ほどが経過した頃、認知症に対する研修会があり、私はそれに参加したのですが、そのとき講師を務めていた方が、老年期精神病および認知症専門の診療所の院長でした。

お話しされた内容がわかりやすくて、話し方もとても柔らかいので聴いていても心地よく、患者やその家族に寄り添う診療をされているように感じたので、研修後に帰ろうとする先生に声をかけて、厚かましくも今の自分の状況を説明し、先生の診断をお願いしたいと名刺交換をさせていただきました。

後日予約を取り、丁寧な問診とＭＲＩ画像、血液検査をしていただきましたが、診断はやはり「異状なし」でした。

これ以上どうしたらよいのかわからず、表面上は空元気で目いっぱい健康高齢者を装っていましたが、脳と心身の健康はかなりの低下を感じて滅入ってしまいそうでした。医者からも見放されてしまったようで、これから私はどうすればいいのだろうと途方に暮れていました。

担当医の決定で気分的に落ち着いた

いい加減にきちんとした治療を受けなければと、焦りを感じるような出来事が増えてきました。

例えば、これまでだったら1時間程度で仕上げられていた書類の作成が、勘違いによるミスが増えたことでその訂正にも時間がかかったり、集中力が続かずに途中で何をするでもなく席を立ってうろうろしてしまうなど、２~３時間、物によっては１日かかってしまうことがあり、我ながら腹立たしく情けない思いをするようになっていたのです。

こういうことが「時々」から「常に」という状況に移行しているようで、恐怖さえ感じるようになっていました。

私の中で２人の先生の印象がとても良く、信頼できると思ったので、これ以上他の先生に診ていただいても結果は同じだと思い、２人の先生のうちどちらかに決めようと真剣に考えるものの、なかなか決断できなかったのですが、結局、交通の便が良くて通院が楽ということを優先して、Ｍ先生にお願いすることに決めました。

決めたことにより覚悟も新たに前向きに治療したい思いで、自分の精神的な症状や体調、一人暮らしの生活に対する不安感、今後の生き方としての希望などの情報を提供し、専門的な指導を受けながら、人として生きる意味のある人生を歩んでいきたいと切に願うようになりました。

ある診察日の担当医とのQ＆A

やはり自分で感じる症状から見てＭＣＩか軽度認知症の段階かもしれないと思いつつも、１人で悶々としながら何もしないのでは確実に進行すると思い、いつもより積極的に先生に訴えました。

「リハビリなど、何か進行防止の方法はないのでしょうか？」

「難しいですね、最近の調べで、１００歳近い方の画像を見ると認知症でもおかしくないというほどなのに、現役で仕事をされている人もいます。その反面、脳に異変は見られないけれども、自分ではどうも加齢による物忘れではなく、認知機能の低下が許容範囲を超えているように感じると、そのように訴えて受診される方も少なからずいますね」

私もその１人だと思いながら、服薬治療はしたくないと言っていたので、先生は困った様子でした。

「治る薬はないと聞いていますが、予防できるようなものもないのでしょうか？」

「認知症の人によく使われているメマリーという薬は、脳を保護することで予防ができるかもしれません。あなたの心配する副作用ですが、全くないというわけではありませんが、これまでも特に問題はなく、もし自分に合わないと思ったときは途中でやめることも可能な薬なので、様子を見ながら、合うようであれば徐々に量を増やしていくのはどうでしょうか？」

私はこれまでもずっと、薬には必ず副作用があるものと思い、自分で納得できるものを最小限で服用していました。初回受診時に「薬に頼りたくない」と伝えていたので、薬の効能や副作用、今後の治療方針を強要ではなく、共に考えるという気持ちが伝わり、とても嬉しく思いました。だから、この先生を信じてついていこうと思い、メマリーの服用を受け入れました。

「服薬以外にも何か、自分でできること、または団体でもリハビリのような進行防止ができるようなことはありませんか？」

「そうですね〜。あなたの場合はＭＲＩの結果を見ても小さな梗塞は多少ありますが、それは年齢を考えると相応と思われますし、ただ、糖尿病の人は認知症に対するリスクがかなり高いので、血糖のコントロール管理をしっかりすることが先決だと思いますね」

「はい、わかりました。頑張って血糖が安定するように管理に励みます」

痛いところを指摘されてしまいました。血糖のコントロールとは、すなわち食事・睡眠・運動など、生活の質を改善するということです。簡単なようで私にとってはかなり困難に思えました。これまでも何度となく、糖尿病改善のために生活のリズムと内容を見直して計画を立て、これを続ければ改善すると奮起したことがありましたが、何日も続きませんでした。

言い訳をすると、一人暮らしであるため就業中は仕事中心となり、忙しさや付き合い（遊びもあるが）でどうしても食生活の乱れを改善しにくい面があります。また、忙しいことから運動をする時間も作れず、睡眠は毎日4～5時間程度で、結局、食生活だけいくらか改善することができそうな感じです。けれど、仕事を辞めてからは認知症かもしれないという不安で頭がいっぱいとなり、糖尿病は30年以上の付き合いなので、今さらどうにかなるとも思えず、無理して頑張ったところでそれほど長くない命、世間に恥ずかしい姿をさらしたくありません。痛みや痒み、寂しさがなく、笑って人生を終わりにできればいいな～などと考えていました。

診察の帰り道、先生とのやりとりを思い返し、主治医探しに苦労した分、良い先生に出会えてよかったと感謝の気持ちになりました。それなのに一瞬、消極的な考えが心に浮かんだのは、先生に対して大変に失礼なことだと思いました。

私が何を思ったかを知ったら、きっと先生は怒るでしょう。糖尿病の管理もできない人に、認知症の予防なんてできるわけがありません。通院する必要はないと言われるでしょう。私は心の中で謝りました。

ごめんなさい先生。これからは弱音を吐かず、認知症予防のために欠かせない治療と考え、糖尿病改善に努めます。

脳の異状、心身の状態や変化が一番よくわかるのは自分

体験して気付いたことは、脳の異状や心身の状態、変化が正確にわかるのは、医師でも高性能の検査機器でもなく自分だけだということです。

だからこそ医師と患者の連携を密にして、詳細な部分までお互いが知り尽くし、医師は適切な治療方法の指導を、患者はそれをしっかり受け止め、理解して改善、または進行防止に励むということが理想的だと思うのですが……、そういう医師と患者の関係でありたいと願っています。

しかし、M先生も毎日多くの患者さんたちを診ているため、個別化というか、一人

ひとりとゆっくり話を聞いて体調や精神的な状況を探り出すことは時間的に困難なことでしょう。なので、私は状況の変化や不審に思ったこと、聞きたいことなど、気が付いたことをメモにして診察前に見ていただくため、受付時に渡すことがあります。

私が診察前に担当医Ｍ先生に初めて提出した近況報告メモ

メモの内容を紹介します。傍線部分は、先生がマークを付けられたところです。

お世話になります。
前回診察後の私の状況です。口頭では上手く話せずダラダラしてしまうと思い、文書にしましたが、これもまた、文才がないためにわかりにくいかもしれませんが、よろしくお願いいたします。

メマリー服用について
メマリー服用２か月前のことですが、起床時ベッドから立ち上がろうとして急に「ガーン」という音まで感じたような酷い目眩でベッド上に尻餅をつき、周りがぐるぐる回る状態が、数秒間続いたことがあり、その日の昼過ぎのトイレ使用時もまた、体の向きを変えようとした際に同じような目眩に襲われて、便座に尻餅をつくことがありました。初めての経験でした。

その後、怖さから動作をゆっくりするようにしました。特にベッドから立ち上がるときは横になったまましばらく様子を見てからそっと起き上がるようにしていると、2~3日後には目眩のことも忘れて通常の状態に戻っていました。

今回の状況は薬のせいではないかもしれませんが、時々目眩らしき感覚が出て体が不安定になり、危険を感じてからしばらくはゆっくり動作するよう気を付けていると5~10分ぐらいで忘れているということが服用時から3回ほどありましたが、その他に変わったところはありません。

(夕食後の服用をよく忘れるため、飲むのを就寝前に変更することは可能でしょうか?)

生活上の変化について

記憶力の低下は目立つほどではないまでも、かすかな進行はあるように感じます。例えば次のようなことです。
・会話の中で聞いたことは大体覚えていても、部分的に内容を忘れ聞き直しがある。
・注意力の欠落で見落としや思い込みによる勘違いが多く、何事に対してもやり直しが多い（同じ間違いを何度も繰り返してしまうなど）。
・物事を効率よく進めるための手順を頭に描いているのに、手順を間違え、無駄な動きが多くなっている。
・最近初めて経験した不安感について
　自宅の最寄り駅から電車に乗り目的地に向かう途中、乗り換えのための改札口に入った途端、なぜか違う列車に乗ろうとしているのではないかと不安になり、駅員さんに間違いないと確認したにもかかわらず、それでもいつもと違う（時々利用するコースで2週間前にも利用）ような感じがして、不安な気持ちが続いていた。電車の中で次の駅を見て「大丈夫、大丈夫」と確認し安心するものの、2駅より先は「すりガラス」に覆われているようで記憶がぼやけてはっきりせず、不安が募るばかり。こんな感覚は初めてのことでした。こうして徐々に脳の異変が進み、すりガラスさえ記憶に上がってこないようになるのかと覚悟はしているつもりでも、一瞬恐怖を感じました。そのときにテレビドラマなどでよくある「記憶が消えてゆく」という言葉を思い出し、〝このことか〟と認知症の人の不安が理解できたように思いました。

後で記憶が消えるということに対して考えていると「もしかしてこれは、認知障害の進行に対しての不安からくる心気症状なのかも?」と感じつつも、「あまり気にせずケセラセラの気分でいれば自然に普通に戻れたのかも?」などと思ってみたりもしました。甘すぎるでしょうか? お忙しいところ申し訳ありませんが、助言をお願いいたします。

提出メモは、入室前にすでに読んでいただき、前述のポイントの箇所(傍線部分)を赤線でマークしておられました。

先生に「こうしてメモをもらえると、わかりやすくていいですね」と言っていただけたことでホッとすると同時に、赤線が引いてあるのを見て、ただ見るだけでなく私の状況を丁寧に理解しようとされていることの証だと感じられて大変有り難く、より一層の信頼感が生まれました。

内容についても、処方薬やその他提出メモを見ながら丁寧に説明していただきました。これからも、心身の状況の変化やわからないことなど全てをさらけ出して先生の協力を得られるように、必要時はメモを提出しようと思っています。

２．認知症専門主治医の選び方、関わり方

専門医はどこにいるか

私が独学で学び、体験したことから思うことは、まずＭＣＩかどうかに関係なく、「物忘れの多さに加え勘違いやうっかりミスが多くなっているようでなんとなくこれまでとは違う」と感じた時は、すぐに認知症の専門医に診てもらうことをおすすめします。物忘れ外来、メモリークリニック、心療内科、神経内科、老年期精神科など多

くの窓口があります。大きな病院は予約制であっても待ち時間が長いことがありますが、入院を必要とする場合は大きな病院がいいかもしれません。

私の場合は個人病院ですが、通院の負担はなく、気持ちの良い疲れない受診ができています。認知症に関する個人病院の多くは、予約制で待ち時間は短く、別室に待合室が用意されているなど、病院により様々な方法でプライバシーに配慮してくれているようです。それも人によって好みや立地、担当医との相性などもあるので一概には言えませんが、自身でしっかり調べて選択することをお勧めします（合わないと感じたら、別のところを探しましょう）。

私は、どこの病院でどんな先生に担当してもらうかが何よりも重要なことと感じています。それもできるだけ早期に決めたいものです。その理由は、自覚が出始めた時期なら、自分の感じていることを専門医にしっかり伝えて意見を聞くことができますし、内容をきちんと理解することもできるからです。また、その後の治療や対応策についても医師の方針や患者の希望などをお互いに理解し、しっかり考えながら話し合いができます。

自分のことは自分で決めるという姿勢がこの時期には良いリハビリとなり、治療や対策の効果を上げていくのではないでしょうか。それができる先生を選ぶことが大切だと思います。とはいうものの先のことはわかりません。急に悪化し始めたらどうしようと内心恐れています。ＭＣＩは軽度認知症害であり認知症ではなく、改善の可能性もあって実際に改善されたという事例もあります。そのことが励みとなり、自分もそうありたいと願うことが頑張る原動力になっています。

医師からのアドバイスを聞きながら、服薬治療の可否や今後の自分の生き方、現在の状況などを全て話し、自分に合った対策をチョイスします。処方薬についても一方的に出されたものをなんとなく服用するのではなく、薬についての説明をよく聞いて、わかりにくいことがあればインターネットで調べるなど、気になることをまとめておいて、次に受診する際に医師と話し合います。そうすることで、１人ではなく医師との協働作業で改善に向けて治療を進めているという実感が湧き、その安心感と自信から症状の改善や進行を遅らせることにも役立つのではないでしょうか。

医師との信頼関係を築くには

まずは受診者自身が自分の状況をしっかり把握することです。いくつかポイントをまとめてみました。

・いつから、どんなふうに異変を感じたのか、また、それによって日常生活にどう影響があるのかなどをまとめておくこと
・恥ずかしいからといって隠し事はせず、本音で話すこと
・他にも既往歴や既往症についての情報などもしっかり伝えること
・他の医師からの投薬や漢方薬、サプリメントの服用なども正確に伝えること
・不安や疑問はきちんと尋ねる（遠慮は禁物）こと
・医師を信じて病気としっかり向き合っていく姿勢を示すこと
・提供すべき情報や疑問、気になることはメモをして持っていくこと

MCIを治すのは自分であり、家族と医師は協力者

ＭＣＩの症状を治せるのは、医師ではなく自分自身です。医師の役割は、問診や検査から始まり、その結果、病状に関する療法や対処法の指導、その後の病状の管理をしながら、患者の不安を取り除き、後押しをしてくれることだと思います。

医師は医学的観点からの指導、家族は日常生活が不自由なく送れるための重要な協力者と理解し、自身で改善や進行防止のための心構えがあれば何とかなると、甘い考え方かもしれませんが、私はそう信じて今実践しています。

薬は自分で納得し、効果があることを信じて服用する

ＭＣＩの場合は生活習慣の見直しや運動、睡眠、食事療法で、進行を防ぐことはできると言われていますが、アルツハイマー病によるＭＣＩの場合は、人によっては薬による効果があるようです。認知症の薬はＢＰＳＤを抑えるためのものが多いのですが、薬を服用した後、急に落ち込んでしまい、何事に対しても意欲がなくなってきたということが時々ありました。服用に関してはしっかり医師と相談して進めるとよい

でしょう。

余計なことかもしれませんが、これまでの経験から、認知症の薬に限らず高齢者の場合は多くの疾病や体調不良の訴えがあります。そのため、気になる症状についてちょっと話しただけで簡単に薬を出してくれる先生がいますが、処方した薬に効果がなくても「様子を見ましょう」などと言ってずっと続けたり、あるいは量を増やしたり、別の薬に換えるなどするだけで、服用後の詳細な状況などを聞いてくれず、いつも短時間の診察で終わってしまい、徐々に薬の量や種類が増えていくことがあります。

ある利用者は、先生の言う通りにきちんと服用しているのに病状が安定せず、薬が増えるばかりで「薬でお腹がいっぱいになるわ」と言っていました。先生が出してくれるので、何も言えず服用しているというのです。あんまりなので病院を変えてみてはと提案し、娘さんが別の評判の良い病院に連れて行くことになったのですが、そこでその時に服用していた薬をチェックしてもらうと「これはいらない、これもいらない」と言われ、なんと半分以下になったそうです。それから1か月後に訪問した時は「近頃体調が良いみたい」と喜んでおられました。

第3章　MCI（軽度認知障害）について学んだこと

1．MCIは認知症ではない

MCIは認知症の警戒警報

昨今メディアでも認知症が取り上げられ、関連書籍も多く見かけるようになり、一般に広く理解されるようになってきましたが、ＭＣＩについては、まだ知らない人が多いようです。

現在、65歳以上の高齢者の４人に１人が認知症と言われています。そしてその約半数がＭＣＩなのだそうです。認知症の中でアルツハイマー型認知症がダントツに多く、次に多いのが脳血管性認知症であり、この２種類で認知症の70～80％程度を占めています。

生活習慣病と言われるような病気やその予備軍になりそうな状態が何か1つでもある方は、認知症注意報と考え十分気を付けてください。そのまま放置していると「最近物忘れが多くなったな」と感じるようになり、そのときには認知症警戒警報に変わります。認知症になるリスクが増していると考えるべきでしょう。迷っている間にも進行しているかもしれません。

認知症とMCIの違い

物忘れや思考力、判断力の低下などが、加齢によるものなのかMCIによるものかの判断は、認知症と違ってほとんど見分けがつかないと思います。特に軽度認知症とMCIの判断は専門の先生でも難しいそうです。

診断の基準としては、家族や周囲の援助が必要になるのが認知症（軽度認知症も含む）で、日常生活において自立できるのがMCIなのだと聞きました。

日常生活動作（ADL）には、基本的ADL（食事や入浴・排泄・着替え・等の生活上で最低限必要な動作）と手段的ADL（買い物や家事・金銭管理など）があります。

MCIの定義

・記憶障害の訴えが、本人又は家族から認められている。
・物忘れが齢相応の許容範囲を超えている。
・日常生活動作は正常。
・客観的に１つ以上の認知機能（記憶や見当識）の障害が認められる。
・認知症ではない。

認知症はこの２つが障害されているのに対して、ＭＣＩの場合は基本的ＡＤＬは正常であり、手段的ＡＤＬは記憶障害による多少の支障はあるものの家族や周囲の介助は必要なく、日常生活に多少の不便さはあっても自立した生活ができるとされています。

２．ＭＣＩの治療とは

薬ではなく、生活習慣の改善と精神的な支えが治療であり予防となる

ＭＣＩの時期は、考えることや工夫すること、努力することなど、まだまだできることはたくさんあります。ただ、物忘れが酷いと感じたり、思考回路がスローモーションになって戸惑うことがあったり、

勘違いをして恥ずかしい思いをすることがあるなど、いろいろ支障はあるものの、それを繕うだけの能力も残存しています。

ですから早い時期での対策が自分自身でもできます。というよりは自分自身で考えて受診するなりＭＣＩについて学ぶなりして、自分なりの対策を講じることができるのです。それが最良の予防法であり、改善策だと思います。

近年、健康に関しての情報が過剰なくらいに入ってきます。また、わからないことがあっても、インターネットがあればすぐその場で調べることができます。

当然、ほとんどの方が、ある程度の生活習慣病を改善する方法をご存知とは思いますが、多くの方々が「わかっちゃいるけど、やめられない」のではないでしょうか？私の場合もそうでした。「わかっているけど、でもね」でした。

予防のためには脳の健康を維持すること、すなわち生活習慣病の改善とアンチエイジング（老化予防）が必要です。食事や運動、睡眠、コミュニケーションについて一度、見直してみましょう。

食べるもので予防

健康状態に一番影響するのが、食生活です。生きていくためのエネルギーとなる三大栄養素は、炭水化物・タンパク質・脂質ですが、これらをバランス良くしっかり摂取することで健康が保たれます。また、体の調子を整える働きがあるミネラルや、活性酸素の働きを抑え抗酸化作用があるビタミンも合わせてしっかり摂取するといいでしょう。

近年、アルツハイマー型認知症の予防に効果があるという「マインド食」が注目されています。アメリカ・シカゴにあるラッシュ大学のモリス博士が２０１５年に発表した食事療法で、複数の栄養素を食事に取り入れることで糖尿病や高血圧、脂質異状症、冠動脈疾患、肥満などに良いとされ、アルツハイマー型認知症の予防にもつながると言われています。私は、このマインド食を意識して食事を作っていこうと思い、インターネットで調べてみましたが、個人の感覚で紹介すると間違いがあるかもしれないので、気になる方は検索してみてください。「マインド食」と入れると簡単に調べられます。

自分の体力に合わせた適度な運動

健康管理に欠かせない運動も、私の場合は継続することが困難でした。でも最近は、どの地域でもスポーツジムを見かけるようになり、楽しんで通っておられる方が多くなりました。トレーナーに指導してもらいながら上手に健康管理をされているようです。

1人で気軽にできる運動としては、毎日の散歩がいいでしょう。自分の生活に合わせた時間で無理なく続けられると思います。公園を歩いたり、特に買い物がなくてもスーパーをゆっくり見て歩くとか、商店街をウインドウショッピングするなんていうのも良い運動になります。

外出が困難な方や体力的に難しい場合でも方法はあります。テレビを上手く活用すれば、運動や脳トレも気軽にできます。例えば、毎日決まった時間に放映される体操の番組を見ながら運動するのです。椅子に座ったままでもできる体操や体の動かし方もよくわかります。また、運動をしなければと大袈裟に考えなくても、自宅で座ったままにならないよう、できるだけ立ったり座ったりこまめに動くようにすれば、それだけでもちょっとした運動になります。クイズ番組を見たり、百均で売っている漢字ドリルや算数ドリルなどを使えば、脳トレもできます。

良質な睡眠の確保

睡眠は疲れを取るだけではなく、脳の機能を維持するために重要な役割があります。適切な睡眠の量や質を確保することで、認知症の予防効果があることがわかってきました。睡眠は脳をメンテナンスする（脳の老廃物を排除する）役割があるので、6～8時間の睡眠が必要とされていますが、最近は時間より質が大事だと言われています。

多くの高齢者から「眠れない」という声を聞きます。加齢によって眠る力が衰えるため睡眠時間は減少し、眠りは浅くなります。眠れないことで睡眠導入剤や睡眠薬を常用されている方も多くいますが、副作用について医師に尋ねると「認知症の予防には、眠剤を常用しても良質の睡眠を取ることを優先したほうがいい」という意見や、最近では逆に「できるだけ眠剤は服用しないほうがいい」と言われる先生もいます。

とはいえ、一番いいのは眠剤がなくても眠れるように工夫することです。日中はうとうと寝をやめて30分ほど昼寝（1時間以上眠ると逆効果と言われている）をしたり、夜眠くなるようにできるだけ体を使って疲れさせたり、人との交わりや会話を多くして気分転換などをします。また、夜は就寝の1時間前くらいから寝るための準備を始めます。例えば、リラックスして気持ちが落ち着くような静かな音楽を聴いたり、鎮静作用があると言われるハーブティー（シナモン・ラベンダー、カモミールなど）でゆっくり香りを楽しみながら水分補給をするなど、人によって好みや相性があるので一概には言えませんが、とにかくリラックスした気分でベッドに入ると眠りやすいようです。

多くの人とコミュニケーションを図る

繰り返しになりますが、認知症予防に欠かせないのは人との交わりです。

家族や友人、周りの人たちと良好な関係にある人は、日常生活に張りが見えます。自分に合わせた生活の在り方を自分自身で決める楽しさを味わいましょう。何事も不安で自分で決めかねている人には、家族なり周りの人が少しアドバイスをするとか一緒に考えながら寄り添っていくと、生き生きとしてきます。

楽しい毎日を送っているということが予防でもあり、ＭＣＩ改善の特効薬だと思います。

おひとりさまでも安心して暮らせるような環境作り

家族環境が良く、家族の理解があって協力を得られる人はいいのですが、同居している者がいなかったり日中１人で過ごされている方は、本人も家族も気付かないうちに認知症が進行してしまう場合があります。

早期発見・早期治療が大切だとはいうものの、ＭＣＩ程度の人は自分で努力したり、家族や友人、地域のボランティアの方々から協力を得るなど、それができなければ徐々に進行していくのを待つだけとなり、症状が酷くなってから初めて介護保険サービスが利用できるようになるというのが現状です。つまり、私たち自身で、また家族や周囲の人たちの協力で適切な対応をするしかありません。

簡単に制度や人を頼りすぎるのは、本人にとっても良いことではありませんが、誰かがその人に寄り添って精神的な支えになるというのは絶対的に必要なことであり、なかなか困難なことでもあります。１人でも多くの人に認知症について知ってもらい、地域の中でいつでも誰かが知恵を生かして支援できるような環境作りが必要だと痛切に感じます。

ＭＣＩは早期の対策によって改善の可能性があると言われていますが、私のように自分の都合のいいように考えたり、落ち込みながらも開き直ってみたりして、家族がいれば注意されるだろうことも頭の中ではわかっていながら、ズルズルとぬるま湯に浸かったままでいるような生活状態になってしまう人も、少なからずいるのではないでしょうか。

要介護者（ＭＣＩ・認知症）の予防に対する地域の取り組み

市町村やその施設、団体により違いはありますが、介護保険サービス以外にも、適度な運動や食事療法を勧めたり、良質な睡眠を取るよう指導するのはもちろん、健康についての無料講演会や、多くの人との触れ合い、笑いのある日常生活のためにとカラオケや食事会、将棋やマージャンなど、健康向上のための取り組みを行っています。

最近は人手不足であり、退職後で時間を持て余している元気な高齢者やＭＣＩ程度であっても元気な方の協力を求めています。ボランティアか有償ボランティアとなると思いますが、自分の健康管理にもなると思えば積極的に活動する価値はあるのではないでしょうか。

例えば、一人暮らしで外出がままならないため、ほとんど1人で過ごしている方がいます。そういう方々から、今日は誰にも会わず誰とも話をしていないということをよく聞きます。そんな刺激のない生活が続いてよいわけがありません。そういう方のために「傾聴ボランティア」というものがあります。現在、私の友人が毎週1回傾聴ボランティアとして地域に貢献していますが、やってみていろんなことが勉強できるので今後も続けたいと言っています。その友人は70歳を過ぎているので、その年齢で初めてのことに挑むのに不安はなかったかを聞いてみたことがあります。すると、こんなふうに答えてくれました。

これまでに何の知識もなく不安だったけれど、基本的なことを簡単に教えてもらってスムーズに入っていけた。何度か顔を合わせるうちに私を待っていてくれるようになり、嬉しそうに迎えてくれる。いろいろ話をしてくれるので始めてから5～6年になるけれど、今では私のほうも行くことが楽しみになっている。出かけて行って誰かのためになっているということは、自分にとっても満足感があり元気をもらえる。これからも体力が許す限り続けていきたい。

地域の取り組みについては、広報誌にサロンやサークルなどの情報が載っています。詳しくは、地域包括支援センターや社会福祉協議会に問い合わせてみてください（それらの場所がどこにあるかわからない場合は、役所で聞くと教えてもらえます）。

3. 早期発見、早期治療

自分の努力や工夫で自立ができる

認知症は生活をしていくには援助が必要となりますが、ＭＣＩは努力や工夫で自立ができます。最近では、インターネットなどでも多くの認知症専門医に関する情報があり、そのほとんどの先生のお話でも「ＭＣＩは早期治療により改善された事例もあり、改善しないまでもＭＣＩの状態のままで終末を迎えることもできる」とあります。これは朗報です。全ての人が認知症を予防できるとは限りませんが、認知症に移行する速度が緩やかになるだけでも喜ばしいことであり、認知症患者の増加にブレーキを掛けられるのではないでしょうか。

MCIは見えにくく、見逃しやすい

自分自身のことになると「まさか？」という気持ちと「認知症と診断されるのが怖い」「他人に知られたくない」といった理由で、余程でないと受診はできないものです。

また、親の場合は「自分の親に限って」と子供自身が受け入れたくない気持ちがありますし、受診してもらうためには親にどう言って説明すればプライドを傷つけず、本人の了解を得ることができるかといったことで迷いながら時を過ごしてしまいます。受診することを勧めても本人から「こんなに元気なのに、どうして病院に行かなければならないの？」と言われれば、もう少し様子を見ようと延び延びになってしまうことも多いでしょう。

私の場合「物忘れが普通ではないのでは？」と感じ始めた10年ほど前には、一般的にＭＣＩの情報がなく「軽度認知症かな～」とぼんやり思っていました。仕事が忙しく、研修や資格試験などを受けながらも問題なくクリアできていたため、やり過ごしてしまいました。仕事柄、認知症の人との接点は多く、忙しい毎日で充実していましたが、徐々に物忘れが酷くなっていることと「見当識障害」のような症状も見え始め、認知症が進行しているのかと焦り、認知症専門医の検査を何度か受診してみるも、結果はいつも異状なしでした。

自分の感じる脳の異状さを詳しく先生に説明するも、その時々の会話は成立しているため、理解してもらえない期間が長く続きました。

不安も長く続くと麻痺するようです。物忘れやそれによる失敗があっても、トンチンカンな行動を起こしてしまっても、それが軽度なもので自分自身で取り繕

見当識障害とは（ＭＣＩの場合）……
認知症の１つの症状で、場所や時間、季節、人がわからなくなる障害だが、初期の軽度な場合は、一瞬わからなくても、よく考えるかカレンダーや携帯などで確認することができる。今何をしようとしているのか、どこに行こうとしているのかがわからず一瞬焦ることもあるが、落ち着いてゆっくり考えると思い出せるので、生活に不自由はあるものの支障が出るほどのことではない。

うこともできるため、まだ大丈夫とついズルズル過ごしていたのです。

認知症に対する認識が変わり、受診も簡易にできる

関わる人たちの対応により改善できることが多々ありますので、おかしいなと感じたら、まず専門医の検査を受けることを勧めます。

最近、なんとなく物忘れが多いとか、勘違いによる間違いが気になるなど、そうしたことに自分で気付いた時はなんとか取り繕ってはいるものの、これ以上酷くなると仕事が続けられるだろうかとか、この先どうなるのだろうかと不安を抱え、自分自身で認知症なのではと思って認知症専門医に相談に行く人が増えているようです。

認知症専門病院では、患者のプライバシーに配慮されていて、ほとんどが予約制で待合室の配慮もあり、待ち時間もそう長くなく受診しやすくなっています。

早期受診のメリット

早期受診のメリットは次の通りです。

・自身で気付き自ら受診した場合は、ＭＣＩと診断されてショックを受けながらもその後の対策など医師との話し合いがしっかり理解できる時期なので、自分自身で納得のいく治療法や対処法が選択でき、その後の治療も効果的にできる。

・自分の思いを取り入れてもらえることで医師に対する信頼感が生まれ、不安が軽減されるため、ＭＣＩの１つの要因（ストレス・不安感）が取り除かれたということになる。

・家族が気付き本人も納得して受診した場合は、早期から原因疾患や認知症のタイプを知ることができ、対応知識も増す。

・本人や家族ともに今後の治療や介護の方針についても余裕を持って話し合い、自分たちで決定することができることと、その後も状態に合わせながら学んでいく余裕ができる。

・本人や家族、介護サービス事業者が協力しながら前向きな対策を考え、実行していくことで効果的な治療や対策が行える。
・決定権が自分にあるということは、本人にとっても人間としての尊厳を保持できる（ＭＣＩの場合はほとんど自立できるので見逃してしまい、認知症になってから介護者頼りの治療を始めることが多いようです）。

4. MCIの判断基準

MCIについて学んだこと、自分の体験に基づいて

自分の体験から感じたことをまとめてみました。

・物忘れが多くなっていると自分自身で感じる（記憶力の低下）
・探しものが多い、勘違いや思い違い、聞き違いがよくある（認知機能の低下）
・これまで普通にできていたことに間違いが多くなり、その間違いに自分で気付いて

やり直すことができるが、1つの作業に時間がかかるようになる（注意力の低下）
・今自分がどこにいるのか、どこに行こうとしているのか一瞬わからなくなったり、今日が何日で何曜日かわからなくてもゆっくり考えてカレンダーや携帯電話で確認することでわかる（見当識の低下）
・料理など、手順を踏んでいく作業に時間がかかる（実行機能の低下）
・物事の適切な判断が瞬時にできず時間がかかる（判断力の低下）

こうしたことが頻回に起こるようになります。人によって差はあると思いますが、私の場合は全ての項目に当てはまります。

認知症になるかもしれない不安をいつも感じながら、元気だった頃の自分に逃げ込んで真剣に取り組んでいなかったことを考えると、何とも辻褄の合わない話です。

第4章　MCIから認知症への移行速度は人それぞれ

1．MCIから重度の認知症までの状況

一般的な進行による症状

アルツハイマー病によるＭＣＩと診断されても、アルツハイマー型認知症を発症するまでの期間は人それぞれです。

ＭＣＩは認知症ではなく、認知症の前段階です。認知機能低下に対する適切な対策や治療を行うことで、ＭＣＩであったとしても認知症の症状が最後まで出ずに済む場合もあれば、あっという間に認知症に移行して、見る間に重度になることもあります。

次に、それぞれの段階による症状の違いについて見ていきましょう。

MCI

日常生活に多少の不便を感じながらも自立はできる（軽度認知障害）段階。適切な対応や治療によって現状維持または改善が期待でき、必ずしも認知症になるわけではない。自分自身の意思によって、認知症にならないようある程度コントロールできる。人によって可能性の違いはあるが、自分の希望する生き方の選択もできる。

軽度認知症

現在の医学では治せないと言われているが、初期なら進行を遅らせることができる。この時期は特に介護者の力量が影響する。家族や介護スタッフの対応により進行を止めることもＢＰＳＤの出現を防ぐこともできる。

中等度認知症

BPSD とは……
徘徊・暴言暴力・昼夜逆転・物盗られ妄想・幻覚・失禁・弄便など、介護護者の手を煩わせるような行動で、以前は「問題行動」と呼んでいたが、認知症の人だけの問題ではなく、介護者や認知症の原因となる病気も関係していることから、不適切な言葉として、BPSD（行動・心理症状）と改められた。

日常生活に介助が必要となってくる。身体機能に問題がなくても徘徊や妄想、昼夜逆転などが見られる。調理をはじめ家事ができると思い行動を起こすが、かえって介護者の手を煩わすなど、介護者にとって最も大変な時期。介護者の対応や環境により、ＢＰＳＤの出現が左右される。この頃には家族介護の限界を感じて施設入所となることが多い。

重度認知症

表情が乏しくなり家族の顔がわからなくなる。また、意思疎通も乏しく会話が成立しなくなる。ベッド上の生活が多く、食事や排泄の介助もベッド上で行うようになる。座位も保つことができなくなると、寝たきりの生活になる。

認知症は、進み出したら進行速度の違いはあっても治ることはありません。ＭＣＩの時期は努力という思考は健在です。

MCI	軽度認知症	中等度認知症	重度認知症
自立・改善可能	進行を止めることも	日常生活に介助必要	表情乏しく意思疎通困難
自分の努力で	家族・介護者	施設入所が多くなる	寝たきり生活

自分の意思で生き方を決めることができます。どんなに努力しても進行を止められないこともあるでしょう。でも進行速度を緩やかにすることで、慣れや知識によって介護が楽になったと言われる家族もいます。

介護が辛いと感じた時は1人で悩まず、認知症介護の専門職に相談するなど、できるだけ軽度のうちに対策を考えてください。一番の進行防止策が、家族や周りの人たちの愛情いっぱいの接し方と適切な対応です。

心の満足を味わえることで、認知症は治らなくても可愛いおじいちゃん、おばあちゃんになってくれるでしょう。よくあるトンチンカンな言動や失敗も、皆を笑顔にしてくれます。

そんな微笑ましい光景を見せてもらったり、家族から楽しそうにおじいちゃんやおばあちゃんの話を聞かせてもらうことが何度かありました。

対応の時期や方法によって異なる事例

■早期対策が上手くいった例（ようこさん75歳、女性、一人暮らし）

ようこさんは、物静かで人付き合いの良い人でした。隣近所の人たちといつもにこやかに挨拶を交わし、時には立ち話もしていたのですが、徐々に顔を見せなくなり、ある日、民生委員さんが訪問すると、やつれて元気がなく、話し方もなんだかおかしかったようです。そして、その民生委員さんから相談に乗ってほしいと依頼がありました。

すぐに訪問すると、長いこと買い物にも行っていないようで、部屋は乱雑になっており、冷蔵庫には何もなく、食事はどうしているのかと聞くと「お腹は空いていない」と言うのです。脱水症状のような感じもしたので、とりあえず水に砂糖と塩を少々入れてコップに半分ぐらい飲んでもらい、すぐに入院してもらうことになりました。そして入院中に先生と相談し、介護保険の認定申請をすることになりました。

その後、１週間ほどで退院しましたが、息子さんは海外勤務をされていてすぐには帰ってこられないとのことです。退院後すぐに、民生委員、福祉委員、ケアマネ（私）、本人の４人で今後の生活のあり方について相談しました。

経済的には問題はなく、上手くいけば以前のようこさんに戻れると思いました。

とりあえず体調が落ち着くまで福祉委員さんが時々覗いてくれるということなので、

毎日1時間だけでもヘルパーさんに来てもらって、ようこさんが不安なく暮らせるような環境作りに1か月程度かかると予想して、計画を立てました。

福祉委員やヘルパーさんの支援で毎日人の出入りがあって安心できたのか、だんだん元気を取り戻され、1か月ほど経過してからは徐々にようこさんからその時の心境やこれからどうしたいのかなど、話を聞けるようになりました。

ようこさんの話によると、物忘れが酷くなり、買い物に行って買ったものを忘れて帰ってきたり、財布をなくしてしまったことなど、スーパーでの失敗が続いたため外出が怖くなったそうです。それに、近所の人たちにも認知症になったと思われたくないので、できるだけ顔を合わせないようにしていたということでした。

その後、介護認定が「要介護1」と出たので、引き続き地域の協力やヘルパーさんの支援で、ようこさんの自立に向けて一緒に買い物に行き、ようこさんが自信を持てるように、そして安心して暮らせる状況を作り出すことを目標にしました。

幸い1年ぐらいで物忘れの程度も齢相応ということでもあり、今後、当分は地域の協力だけでも大丈夫だろうと、介護保険の更新はせずに自立されました。

馴染んだヘルパーさんが来なくなることに不安もあったようですが、私が「大丈夫、何かあれば私がすぐに飛んできますので、ヘルパーの支援が必要な時は、またいつでも来てもらえますよ」と言うと、安心されたようでした。

ようこさんはとてもナイーブな方で、他人に自分の恥ずかしい面を見られたくない、また他人に迷惑をかけたくないという気持ちが強いため、自分が「おかしい、認知症かもしれない」と思った時の衝撃が強かったのだと思いました。

ただ１人の身内である息子はというと、海外勤務で頑張っているので心配させたくないという気持ちもあり、不安の波に飲み込まれてしまったのでしょう。

物忘れや認知症害が出たことも、何かの事情でかなりのストレスがかかったために一時的に現れたものではなかったのかと思います。

けれど、それをそのままにしていたら、鬱病になったり、認知症に進んでいくかもしれません。最

悪の場合は孤独死ということだって考えられます。

幸い民生委員さんの訪問で早期に対応できたことで、難なく不安の波から脱出できたという事例です。

■本人の拒絶が強く支援が遅れた例（きよしさん82歳、男性、結婚歴なし）

長年勤めた会社を定年退職されたきよしさん。貧しい家庭で育ったことから、義務教育が終わるとすぐに就職されたそうです。2人の妹の教育費を出し、ずっと家族の面倒を見ながら独身を通した人です。それだけに退職した途端にたがが外れたのでしょうか。退職前から好きだったお酒に溺れるようになります。一人暮らしの寂しさも手伝ってか、毎晩、時には朝から行きつけの店に入り浸るようになっていたようです。

ある日、地域包括支援センターからの依頼で入院中のきよしさんに会いに行きました。どうして入院していたのかというと、脱水症状と栄養失調のため自宅で倒れているのを隣の人が見つけて救急搬送されたということでした。それも、3回目だったそうです。1回目の退院後から介護サービスが必要と提案したようですが、強く拒絶されて手が出せなかったということでした。

これは手ごわいぞと思いながら面会すると、案の定「あんた誰や！ 何しに来た！」と怒鳴るのです。とりあえず「自宅で倒れた人が緊急入院したから様子を見てくるよ

うにと言われて来ました保健所の者です」と自己紹介しました。詐欺の手口のような嘘ですが、私の場合は善意の嘘です。保健所や市役所の人間と伝えれば近づきやすいので、よく使う手なのです。けれど、きよしさんはまだ怒っていました。

「早くここから出してくれ」

「そうですね。では先生に聞いてきますね」

そんなやりとりがあってから、一旦退室して先生との面談を看護師にお願いしました。そして、面談を翌日と決めてきよしさんの部屋へ行ったところ「あんた誰や」と、また聞かれたのです。30分ほど前のことを忘れているようで、今度は保健所は入れずに

自己紹介をすると「ふーん」という反応でした。これはいけると思い「今日はどうされたのですか」と聞くと「俺は元気なのに勝手に連れてこられたんだ」と乱暴な口調ながらも話してくれたので、しばらく当たり障りのない会話をしてから、退室しました。

翌日の先生との面談で、退院後すぐにヘルパーが入れるようにしたいことを伝え、先生の協力をお願いしました。医療、福祉が連携すると少々困難な事案もスムーズに運びます。受け入れ態勢を作り上げるために田舎の妹さんを呼んで部屋の片づけをお願いしていたので、それまではと、帰りたがるきよしさんをなだめながら4日間待っていただきました。

退院後、ヘルパーの受け入れなど何とか介護体制は整い、住居環境や食生活などが改善しつつある頃には、毎夕出かけるようになってきました。羽振りの良い時から付き合いがある飲み友達からの誘いを断れず、ヘルパーが帰った後に出かけていたのです。

担当になって1か月後くらいに、近所のスナックから集金が来ました。一人暮らしのため余るほどの年金があったにもかかわらず、判断力の低下でしょうか、飲み友達の便利な財布になっていたようです。１年ぐらい前からは借金をするようになっていたそうです。

その仲間の誰かが「ヘルパーは何にもすることないのだから辞めさせろ」と言ったようで、清さんもヘルパーはいらないという気持ちに傾いていたようなので、頻回に訪問し、なんとか生活改善をと試行錯誤で頑張ってみたけれども、残念なことにヘルパーが訪問する朝・夕の間に亡くなってしまいました。前日の夕方はいつもと変わりなかったそうです。関係者たち皆が「まさか?こんな急に?」と驚くほどあっけない逝き方でした。

こんな出来事があってつくづく感じるのは、周りの環境が与える影響は大きいということであり、良くない兆候に気付いた時にどのようにそれを回避したらよいのか、いまだに手も足も出せずに苛立つばかりです。

それまでも、その後も、程度の差はあれ、私利私欲のためだけで近づいてくる善人まがいの人たちは、変わらずちらほらと現れます。

■認知症発症から3年半で死に至った例（はなさん80歳、女性）

交際範囲も広く、派手やかに我儘な生活を送ってこられた方です。同じ敷地内に次男が住んでおり、1年ほど前から「認知症かな？」と思いながらも仕事が忙しいため、通院や生活全般を別居の長女が主となって見ていましたが、徐々に負担が増してきたため介護サービスを受けたいということで、担当ケアマネとして依頼を受けたのが2013年の夏頃だったように思います。

はなさんとの関わり方がとても困難で、次々と変わる担当医とは生活上の情報を提供したり、その対策の指導を仰ぐというようなことを密に行い、試行錯誤しながら接していました。

はなさんは当初から認知症で、常に「腰が痛い」とか「頭が痛い」とか「口の中に何か入っている」などと言って、絶えずティッシュで舌を拭き取っていました。また「3年前に病院で転んで背中を打ったのが今でも痛い（心気症）」と言うなど訴えが多く、その都度、別居の長女が病院に連れて行くものの、検査の結果は異状なしで、薬も出ませんでした。すると、その診断が気に入らず、次々と病院を変えて「連れて行け」と言うのです。近くにあるほとんどの病院に行っていて、そのうち２つの病院からは診察を拒否されていました。

介護サービス利用は週６日で、朝夕の訪問ヘルパーは何とか継続でき、気分転換ができるようにとデイサービスを勧めました。ところが１～２か月で不満が出て別の施設に移ったものの、そこでも同様で通所が続かず、とにかく毎日不満ばかり訴えていました。

はなさんの進行速度は顕著であり、唯一継続している心療内科で認知症の薬をもらっていましたが、ある時から急に「先生と長女が組んで私に毒を飲ませようとしている」とか「こんな薬は飲まない」などと言って薬を捨てたり、「長女が私の大事な着物を持っていった」などと言って、長女に対してだけは激しい言動で攻撃するため、長女も神経が参ってしまい、心療内科を受診するようになってしまいました。はなさんが認知症として介護サービスを受け始めてから、半年が過ぎた頃のことです。

これまでは通院をはじめとして生活全般のことを長女が一手に引き受けていたので

すが、これ以上はお互いのために良くないと考え、次男夫婦と長女、ケアマネの４人で話し合った結果、長女はしばらく介護を休んでゆっくり療養してもらうことになりました。代わりに次男を中心とした体制に組み直すこととしました。ちなみに次男の妻も結婚当初からはなさんに辛く当たられ、精神的に追い詰められて未だに服薬療養中とのことでした。さらに、緊急に病院を変える必要を感じたため、地域でも有名な老年期精神科のある医療機関での受診を提案すると家族は了承してくれました。

その病院の老年期精神科の先生によると「老年期精神病」とのことでした。これは正式な診断名ではありませんが、老年期になって認知症により精神的なコントロールができなくなり症状が前面に出ているということでした。

精神症状が出る主な要因としては、心理的・環境的・状況的ストレスや、薬による幻覚妄想、遅発性統合失調症を過去に経験したことなどが原因ということもあり、今後の治療法としては、まずはなさんの精神症状が出た原因を探って、それに合わせた薬を処方し、家族や介護に関わっている方などと連携して情報を共有し、介護の留意点などを指導しながら治療を行うという丁寧な説明を頂きました。

症状は目に見えて悪化していくため、次男は出勤前と帰ってからと毎日介護に振り回されていたのですが、いつも優しく対応していました。奥様はというと、はなさんと顔を合わせると考えただけで胸が苦しくなるそうで、留守であってもはなさんの家に入ろうとすると急に動悸がして気分が悪くなるということでした。そういう事情もあって、奥様が作った食事を毎日ヘルパーがもらいに行き、外の指定場所に洗濯物を置いておけば洗濯をするといった方法で、はなさんのお世話をしていました。また次男の娘（はなさんの孫）も、通院の時に次男が行けない場合は代わりに付き添うなどしていました。

ところが、そうした家族の心強い介護力があったにもかかわらず、状況は深刻化するばかりで、私も月に二、三度は訪問していましたが、顔を見るとその都度悲しそうな声で「助けて」と言っては、体の痛みや心理的なことについて非現実的な訴えをしてくるのです。けれど、その時ははなさんの気持ちを鎮めるために訴えを受け入れ、同調することしかできませんでした。

家族と介護関係者が一丸となってはなさんの介護をしていましたが、その時々の一時しのぎにしかならず、1年もしないうちに異常行為が頻発して「要介護５」という最悪の事態にまで進んでしまいました。

ある時、はなさんが「家の中にカビが出ている」と言って、タンスや押し入れにしまってあるものを全部引っ張り出してきて、部屋中歩く場所もないほどにしていたので、はなさんの気分を害さないように「カビはもう大丈夫だから」と言いながら、お孫さんと一緒に片付けをしたことがあります。

ダイニングキッチンでも同様のことがありました。食器棚やシンク下、冷蔵庫の中のものまで全部出してきて床一面物だらけにしてしまったので、次男が休みの日にゆっくり説明しながら、最低限必要なものだけを元の場所に戻して部屋をすっきりさせました。

三度の食事はしっかり用意されていて、水や飴、ゼリー、プリンなど不自由しない程度に置いているにもかかわらず、隣の家に行き「家には何もないので、水を一杯飲ませてください」と言ったりしたこともあります。家の中では手すりや壁を伝いながら、

時には這って移動している人が、どうしてそんなことができるのかと不思議なぐらいでした。

さすがにこの頃の次男は疲れ切った様子で、「自分の親だから仕方ないけど、睡眠時間は少ないしもう疲れた」と本音を漏らしていたので施設への入所を勧めたのですが、かわいそうだからと在宅介護を続けたのです。やがて排泄の感覚も薄れてきたようで、どうしたらこんなふうになるのかと思うほど布団や畳を汚してしまうようになりました。

休む暇もなく次々と問題が起こり、極め付けは「食事に毒が入っている」と言って常に飴を舐めていて食事を一切取らなくなったのです。また「眠ったらこのまま死んでしまうから、眠らない」と言って、ずっとうつらうつらの睡眠になりました

ここまで来ると命に関わるかもしれないと思い、急遽、受診した結果、即刻入院と

なりました。50日ほどで退院しましたが、精神病棟でしたので退院後は穏やかになっていました。ところが、それも束の間、高熱で内科にかかり入院となりましたが、体の衰弱もありそのまま退院できずに亡くなってしまいました。

認知症と家族が気付いた時から終末まで試行錯誤の毎日で、あっという間のことでしたが、はなさんの場合はただの認知症ではなく、精神症状が顕著に現れたケースで、本人はもちろん家族や介護者の大変さを近くで見ていたにもかかわらず、ケアマネとして成果を出せなかったことが大変悔やまれます。

終末が近づいた時の息子さんの様子やご家族の気持ちを想像してみると、悲しさの中にも充分尽くしたという達成感はあったのかもしれません。私もこの事例によって、大きな学びを頂きました。

第５章　自分をＭＣＩと認識してからの私の人生

１．生きている限り楽しく過ごす

認知症やＭＣＩを学ぶことでの気付き

ＭＣＩという名称を初めて知ったのは、自分が認知症なのではと感じた当初の頃でした。

ＭＣＩの症状や介護者としての関わり方などは軽度認知症とほとんど変わりなく、医師も診断が難しいということです。

大きな違いは「認知症は治らないが、ＭＣＩは治る可能性がある」ということだけのようです。実際に、これまで軽度認知症と言われた方が、介護することにより、正常とまでは言えないものの、齢相応の物忘れ程度に回復した方が何人かおられました。

ＭＣＩを調べ始めた当初は、軽度認知症より少しだけ軽度ということなのかと解釈していましたが、学んでいくうちに気付いたのです。同じ症状であっても、軽度認知症と言われるよりも認知症とは違うＭＣＩという名称で呼ばれることで、気分的にショックが少なかったのかもしれません。そんな気分によるものでしょうか？　なんだか元気になったような気がしました。

物忘れや勘違い、自分の行動の修正が多いと「今日１日でほとんど満足なことができなかった」と苛立つ日が続いたり、そうかと思うと「あら、ここ何日か気になるようなこともなく、イライラもなかった。もしかして良くなっていくのかしら」と感じることもありました。

自分の症状が少しおかしいぞと思ったのは10年以上も前になりますが、正常ではないと気付いた時、すなわち本気で改善に取り組んだ時から現在で３年ほどです。

その間に、**書物や医師、インターネットなどからの情報の他に、自分自身が味わった体感や体験を通しての気付きは、軽度認知症とＭＣＩの違いは、本人の受け入れ方次第ではないかということでした。**

認知症の原因疾患によっても異なるでしょうが、認知症の診断を受けたとしても、

本人に少しでも判断力が残っていれば、家族や周りの支援があれば、進行防止は当然、少しくらいなら回復はできるのではないかと思うに至りました。

今後も改善に努め、同じような症状を感じておられる方や、そんな症状を持つ家族がいるという方々が希望を持てるよう、これ以上の悪化は防ぐ決意です。あわよくば改善を願っています。

2．人生最後の分岐点

迷わず健康管理に励む

高齢者となってから、特にここ5～6年前から、自分の人生を振り返るようになりました。そこでの気付きは、生きてきた中で分岐点は何度も訪れていたのに、知恵のなさから、目先のことだけにとらわれて、しっかり考えることをしなかった自分が見えました。

何度も間違えた道を選んでしまっても、若いうちはいくらでもやり直しができます。

結婚のことや仕事のことなど、人生の中で何度、どうしよう?と迷ったことか?その都度、安易に目先のことだけで決めていました。後になって「しまった!」ということが多々ありました。例えば健康面で言うと、生きている限りお世話になる自分自身の体のことを、長い目で見て労りながら大切にしてこなかったことです。糖尿病と診断された時にも真剣に取り組まなかったし、自分で脳の異変に気付いた時も放置してしまいました。

でも、まだ遅くはありません。人生最後の分岐点として、これからは迷わず健康管理に励み現状維持に努めていこうと考えています。流行語にあったように「今やらないで、いつやるの?」「自分がしないで、誰がする?」という気持ちです。

3. 後悔先に立たず

今になってわかった他人事ではない人間の老い

脳に及ぼす病として、糖尿病や高血圧、動脈硬化などの生活習慣病が挙げられていますが、私の場合、自分なりの解釈では30年以上の糖尿病歴が大きく影響していると考えられます。

今思えば初期症状の時に、ちょっとした努力（というよりは健康に対する気遣い）さえしていれば、もともと健康な体なのだから、もっと健康寿命は延びていただろうと思います。そう考えるととても残念ですが、後悔先に立たずです。

なぜでしょうかね〜。人間、誰しも寿命があり、年齢を重ねて高齢になれば身体機能は低下して、いろいろと支障が出てくるのは当たり前と、親や利用者の方々を見てきてわかっていたはずなのに、それが自分の身にも起こるなんて全く考えもせず、今になってやっとわかったのです。

腰が痛い、膝が痛い、足腰が弱りひょんなことで転んで骨折する、体中の関節が痛み出す、耳が遠くなった、耳鳴り、目眩など、まあ〜次から次へと休みなく襲いかかってきます。

幸いなことに、糖尿病を長く患っているにもかかわらず、五臓六腑は何とか頑張ってくれていて、油断はできないけれども今のところは合併症になって薬や治療を受けるほどではありません。風邪は何年も引いていないし、少々賞味期限が切れているも

のを食べても食あたりをしたこともありません。こんな体に産んでくれた親に感謝です。

それなのに、それなのにです。頭のほうがちょいと言うことを聞いてくれないようになっています。けれど、これは全て自分の責任です。

覚悟して何とか自分の人生は自分でコントロールできるように、最後まで頑張っていこうと思っています。ストレスに押し潰されないように、人との触れ合いと笑いを大切にして、そして軽度認知症害でも考え方次第でやり直しもできるし、笑いのある生活を送りながら生きる楽しみを追求している姿を見てもらって、何人かの人に「元気付けられた」と言ってもらえるように――。

第6章　認知症を見分ける

1. 認知症を見分けるチェックシート

ネットで簡単・無料・遊び感覚でできるチェックシート

認知症チェックシートには、認知症を研究されている先生方のものがあります。

インターネットで「認知症チェックシート」と検索するとたくさん出てきますので、気になる方は調べてみてください。

病院などで古くから使われている代表的なもので、「長谷川式認知症スケール」というものがあります。病院関係施設などでもよく使われていますので、どういうものか少しご説明します。

長谷川式簡易知能評価スケール

①年齢（受検者の年齢を問う）
②日時の見当識（今日が何年、何月、何日かを問う）
③場所の見当識（今現在の場所がどこなのか問う）
④3つの言葉の記銘（例えば「桜・猫・電車」を順番に声を出して暗記してもらう）
⑤計算問題（例えば100から7を順に引いていく）
⑥数字の逆唱（提示する3桁の数字を逆から読んでもらい、正解したら4桁で）
⑦3つの言葉の遅延再生（④で暗記した単語を復唱してもらう）
⑧5つの物品記名（例えば「煙草・ペン・時

長谷川和夫　聖マリアンナ医科大学名誉教授
1974年に世界初の認知症の診断となる知能評価スケールを発表。日本老年精神医学会を創設し、認知症の研究やケア職の育成にも尽力し、数々の業績を残している。
2017年秋（1年半前から自身がアルツハイマー型認知症ではないかと疑っていた）、様々な検査の結果、「嗜銀顆粒性認知症」と診断された。
夫婦2人暮らしの現在も、著書の出版など認知症啓発のために不自由を感じながらも精力的に活動を続けている。

計・靴・帽子」を見せ、その場で隠し、何があったのかを問う）
⑨言葉の流暢性（野菜の名前などをできるだけ多く答えてもらう）
医師の河野和彦氏によって提唱された認知症の診断方法もご紹介します。

コウノメソッド（チェック項目より抜粋）

□人や物の名前がすっと出てこない
□何度も同じことを言ったり聞いたりする
□しょっちゅう探しものをするようになった
□慣れた家事や仕事でうっかりミスが増えた
□ぼんやりして集中できないことが増えた
□今、自分が何をしようとしていたかわからなくなる
□怒りっぽくなった
□急に元気がなくなった

コウノメソッド
2009年　名古屋フォレストクリニック
院長　河野和彦
2007年からコウノメソッドに賛同する全国の医師を実践医登録しインターネットで公開
詳細はインターネット上で簡単に見ることができます

□　車や自転車を止めた場所がわからなくなる
□　いろいろなことに関心や興味を持てなくなった
□　外出時、慣れた道でも迷ってしまう

ここではチェック項目だけを見ていただきましたが、それぞれの答えに対する評価もネットで確認できます。他にもゲーム感覚でできるものもありますので、気楽に試してみてください。私も時々、リハビリにもなると思ってやっていますす。面白いですよ。

２．家族の誰かにいつもと違う言動や異変を感じた時

加齢による物忘れと認知症の違い

ＭＣＩは日常的には正常なため、単なる物忘れと思いがちです。
記憶機能の低下は何年もかけて徐々に進行しているため気付きにくく、そのためＭ

CIであることを見逃してしまいます。誰しもが加齢によって、蓄えた記憶を再生する機能が衰えてくるので、思い出すまでに時間がかかってしまうのです。

ですが、加齢による物忘れの場合は、忘れたという自覚があり、ヒントがあれば思い出すことができます。例えば、誰かと約束をしたことを忘れていたとしても、後で何かのきっかけで約束をしたことを思い出せるようなら加齢によるものです。メガネをよく探していると言われる方も、自分で気が付き、自分でどこに置いたか忘れたことを理解して探すのであれば加齢によるものです。日常生活に支障をきたすほどのことがなければ、加齢による物忘れと思って安心できますが、頻度に注意してください。

認知症の場合は約束したこと自体を忘れているため、指摘されても全く思い出せません。同じことを何度も言ったり何度も聞いたりするのは、自分が言ったことや聞いたことを忘れているので、本人としては初めて言うことであり、初めて聞くことなのです。そのため、何度も同じことを繰り返してしまうというわけです。

認知症にならないよう、MCIを理解し、家族や自分自身のためにも常に変化に気付けるように、次に説明するチェックポイントを押さえておいてください。

変化に気付くために注意すべきポイント

①何日か前に見たテレビ番組は覚えていても内容が曖昧だったり、まるっきり思い出せない（部分的な内容は覚えているが、それが「いつ、どこ」だったのか、わからないなど）

②買い物はできるがおつりの計算が面倒になり、小銭を使わないようになった（簡単な計算を間違えたり、自信がなくて何度も繰り返し確認するなど）

③意欲の低下により、新しいことや物事への興味を示さなくなった（外出好きの人が出かけることを渋ったり、これまでの趣味に興味を示さなくなるなど）

④これまでおしゃれだったのに、服装や容姿を気にするのが面倒になった（化粧をしなくなったり、好きだった入浴も面倒がるようになるなど）

⑤その物事自体は覚えているが、一歩踏み込んだ内容について思い出せない（小出しで情報を出すと思い出す）

⑥これまでできていた料理に時間がかかり、手の込んだ料理をしなくなった（調理の手順が悪くなり、レンジの中に入れたまま忘れることがよくあるなど）

⑦何かをしている途中で別の用事が入ると混乱することがある（1つずつしか作業

ができないなど）

⑧時間はかかるが、勘違いに気付いて自分で修正することが頻回に起こる（自分で修正をしながらも混乱が生じて、何度も同じ作業を繰り返すなど）

こうしたことは、家族や周りの人からは発見しにくいものですが、日常生活の様子や会話の中で、少し注意してみると感じることができるかと思います。

例えば、２～３日前に一緒に出かけたことを覚えていれば、その話題の中で「どこで？」「何をした？」などと、詳しい内容をさりげなく尋ねてみるのです。また、前日一緒にテレビを見たことを覚えていれば、本人の興味がありそうな話題を取り上げ、回想しながら話す内容に注意していると感じることがあるかもしれません。

第2部　介護の実際

えーっと
フフフ
なんで
かけたか
忘れたわ…

第1章　認知症高齢者の介護

1．介護の心得

生きている限りどんな人にも訪れる高齢期

他人事ではなく、いつか自分も行く道と考え、どんな人にも「いい人生だった」と満足して終末を迎えてもらえるように、個人的人権の確保（全ての人々が生命と自由を確保し、人間が人間らしく生きる権利を確保すること）を心がけ、感情を傷つけないようにして、安定した環境で笑いのある余生を支援するという介護を目標とします。

個別性を意識した介護

介護が必要な高齢者に対するニーズは様々です。

認知症の方、身体機能に障害がある方、共に介護の基本は同じです。長い年月、人それぞれいろんな生き方をしてこられたことでしょう。その人個人の生活歴は様々です。仕事に励み、家族や社会に貢献されてきた人、家庭人として家族の幸せを願い尽してきた人、そんな人生で培った考え方や好み、趣味なども また様々です。高齢になればなおさら、そうした自分の考え方を変えることはできません。

介護者としては、その人の生活歴を知ることが必要ですし、決して評価はしないことです。批判的な言葉や態度を表すと、その人の人生を否定したことになります。それでは信頼関係を構築することはできず、介護者としては失格です。

良い介護とはその人の人権を傷つけず、何らかの障害でできない部分を補い、その人の生活に合わせた支援をすることだと思います。

実際にあった事例で、あまりの極端さに驚いて記憶に残っていることがあります。

普段から「私はきれい好き」と言っていたヘルパーが、利用者さん宅の台所でシンク内の掃除をしようと排水口にあるカゴを洗う道具を探していたら、利用者さんが「食器用と同じスポンジでいい」と言ったのだそうです。ヘルパーは「それでは不衛生だから別々にしたほうがいいのではと言ったんだけど、何度言っても聞いてくれないんです。あんな汚いことをするなんて、私には考えられない。もうあの家庭には行きたくないです」とこぼしていました。

大変な憤りに、私は「もう行かなくていいよ」と思わず言ってしまいました。

介護者としての姿勢

介護者としてどんな姿勢で仕事に臨むべきか、見ていきましょう。

○	×
介護者としての責任を持つ	介護者だからと意見を押し付ける
利用者を好きになる	話し方が冷たい（冷たい敬語を使う）
共感的態度で向き合う	間違いを正そうとする

寄り添う姿勢を表現する	言葉だけで、態度はマニュアル通り
個別化を意識する	他者と比べて、良いと思うことを押し付ける
どんな時も感情的にならない	個人的な思いを表し、感情的になる
主体は利用者、決定権も利用者に	間違いを正そうとし、善意の加害者となる
プライバシー保護に関して慎重に	話題の中に他の利用者の話を入れる

記憶は消えても感情は残っている

認知症になるといろいろなことをすぐに忘れてしまい、物事を上手く進めることができないため、家族や周囲の人は何もわかっていないと決めつけがちです。

ですが、感情は認知症になる以前と同じように残っているので、褒められたり頼りにされると嬉しいし、怒られたり行動を頭ごなしに否定され、説教じみた言い方をされると悔しいのです。邪魔になるから何もしないで部屋でゆっくりするようになどと言われれば悲しいのです。

このように、人間なら誰もが持っている感情は、認知症になっても維持されています。わからないから教えよう、間違いを正そうと説得するようなことは逆効果です。その人の性格的な影響によって反応は様々ですが、ある人は悲しさやみじめさから、介護者に対してネガティブな感情を持って鬱状態になり、介護されることを拒否するなど、自分の世界に閉じこもってしまうこともあります。また、悔しさや怒りを抑えきれずに暴言や暴力などといった様々なＢＰＳＤが出現することもあります。それは本人の感情の訴えだということを理解してください。無視されたり軽視されるのは辛いことですよね。認知症の人も思いは同じなのです。

認知症であるかどうかに関係なく、時間が許す限り高齢者には優しい気持ちで接してあげてほしいものです。

介護とは、介護する人と介護される人の協働作業

例えば、ベッド周りが乱雑になっているからと本人の了解も得ずに片付けてしまったとします。良かれと思ってしたことでも、利用者が困ってしまう場合があります。いくらきれいに整頓されても、認知症の方は簡単に順応できないため混乱するのです。

物忘れが酷くなってきた高齢者が、一人暮らしをしているのに不安を感じ、本人も同意して家族と同居することになったものの、引っ越した途端に認知症が出始めたというのもよく聞く話です。認知症に限らず、環境の変化にともなって生活習慣や生活のリズムが変わることは、高齢者にとって大きな負担になります。

認知症の方は、聞いている内容がよくわからなくても返事だけはすることがあります。また、その時はわかって返事をしてもすぐに忘れてしまうことだってあります。そうした状態で、例えば引っ越しなど普段と違うことがあれば、変わった環境に戸惑い、なぜ自分がそこにいるのかがわからなくなって不安が高じ、何度も同じことを聞いたり、怒り出したりして、自分の居場所を探すために出かけようとするなどの行動（徘徊）が出てくるのです。

人それぞれなので一概には言いきれませんが、たとえ認知症であってもゆっくり向かい合って説明をし、近くにいる場合はできるだけ声かけをしながら、できることを一緒に行動すると満足感を得られることで不安が消え、穏やかになることがあります。

善意の介護が、一歩間違えると認知症を悪化させることもあるので、注意が必要です。介護は率先して何かをするものではなく、被介護者の不足の部分を補うという考えで、どこまでできるのか、どんな状況を望んでいるのかなど、話す言葉をよく聞きながら、表情を観察し、本人の希望する生活に近づけるように支援しながら満足感を与えることだと思います。

2. 疲れない介護を目指す

遠慮なくSOSを

認知症の方の介護を在宅で行うのは、大変なことです。程度の差はあれ、認知症介護者のほとんどはイライラを感じていることでしょう。介護専門職だからできるということもあるかもしれません。家族にとっては大変なことが多いと思います。そのため、頑張れば頑張るほど介護者自身の神経がすり減って体調を崩すということも少なくありません。

介護が上手くできないとか、疲れが溜まっているとか、誰かに助けてほしい、などと思うのは恥ずかしいことではありません。どうぞ、遠慮なくＳＯＳを出してください。そうすればきっと、長期間であっても「疲れない介護」が続けられるはずです。

認知症の人にとって「意思表現」の手段であるＢＰＳＤは意味があることなのですが、家族や周りの人たちがＢＰＳＤの原因をどれだけ読み取ることができるかが、利用者のＱＯＬ（生活の質）の良し悪しに影響すると同時に、家族の「介護負担」にも差が出てきます。

認知症をよく知ること

認知症の方のお世話をするにあたって、まずは認知症をよく知ることと、その人を理解し受け止めることが大切であり、そこから介護が始まります。

自分をこれまで育ててくれた人が、あんなにしっかり者だったのに、まさか認知症になるなんてと、家族としては信じたくないでしょう。しかしながら現実を受け入れなければ、辛くなるばかりです。どんなに尊敬していた親であっても、認知症という治らない病気にかかってしまい認知機能が低下しているのだと受け入れ、自分の子供を育てた時のように大きな気持ちで接していると、認知症であっても安心感や居心地の良さで穏やかになるということがあります。

信頼関係が確かなものとなれば、案外介護は楽になります。

人目を気にせず、社会資源を活用する

認知症の高齢者を家族で介護するのは、大変なことです。特に仕事の都合などで、自分以外の家族の協力を期待できない場合、1人で介護しなければならず、負担は大きくなります。何らかの形でBPSDが発症してしまうと、1人ではとても無理です。介護者の心身の崩れが出ると、大事な家族も疎ましくなり、関係がぎくしゃくしてしまいます。家族みんなのためにも、1人で我慢しないでください。家族みんなが穏やかに暮らせるように、介護保険制度があるのです。家族が苦しまないためにも、社会資源を活用してください。

認知症の人の行動を観察すると接し方が見えてくる

認知症の人は直前の記憶もなく、時間的な感覚や自分の行動も曖昧で自信がないため常に不安感を抱えています。それだけに、何とかしたいという思いも常にあり、その思いが言葉にできず行動で意思を表現することがＢＰＳＤとなって、介護者の手を煩わすことになってしまうのです。

何度も同じことを聞いたり、言ったりするのは、本人にとって不安の訴えであり、それはいつも初めて聞くことであり、初めて言うことなのです。その時は、こちらも初めてのように穏やかな気持ちで話を聞き、ゆっくりわかりやすく詳しく説明するようにしましょう。それでも不安げな場合は「大丈夫、安心して」と言ってポジティブな話に切り替え、冗談を交えながら「私に任せて。絶対、大丈夫。私があなたを守ります」というようなことを伝えると、不安が払拭される場合がよくあります。それが一時的なことだったとしても、満足そうな表情が見られたら一歩前進です。

こうした積み重ねが利用者の自尊心の保持につながり、不安の軽減にもなります。介護者との信頼関係が確かなものになると、楽な介護につながります。

辛い介護は悪影響を及ぼす

介護スタッフは、介護が仕事であり専門職としての自覚があるので気持ちの切り換えができますが、家族にとっては毎日のことであり、いつまで続くのかと終わりの見えない介護は大変なことでしょう。特に認知症の方には振り回されることも多く、忙しい時などは腹立たしい思いをする場合もあると思います。

ですが、後のことを考えると、介護者が大きな気持ちで余裕を持つことが大事です。苛立ったり、怒ったり、無視したりすると認知症を悪化させ、ＢＰＳＤが出現するなど、介護がもっと辛いものになってしまいます。

心が折れそうな時の我慢は禁物です。遠慮することなくＳＯＳを発信しましょう。そして余裕ある介護生活が送れるように、介護者の生活に合わせた介護方法を見つけて頂きたいと思います。

誰に相談するのがよいか

一般的には、まずケアマネに相談します。そして今辛いと思っていることの全てを聞いてもらい、吐き出してしまうのです。ケアマネはしっかり聞いて困っていることの解決手段をいろいろ提案してくれるので、そこから先のことも視野に入れて話し合っていくといいと思います。

大変だけど、ヘルパーに来てもらうのは嫌がるし、デイサービスも本人が納得しないので、という理由で家族が苦労しているケースが多々ありますが、あまり思い込まないことです。辛いと思う前に専門職に相談してください。きっと「大丈夫、何とかなります。一緒に何とかしましょう」と言って励ましてくれるでしょう。

また、地域によって名称は様々ですが、家族介護の会とか認知症介護の会、男性介護の会などといったものがあり、いろいろな家族介護者の支援にも取り組んでいます。同じ立場の人たちが集まって辛いことを聞いてもらうだけでも気が楽になりますし、思わぬアドバイスを聞くこともできるので、気分転換にもなるそうです。

詳しいことは、地域包括支援センターで相談することができます。

介護は1人ではできない

最近は認知症支援者（家族や介護職員など）の過重な負担により、支援者自身の心身の崩れや家族の生活が狂ってしまったということがあり、注目されています。

いつまで続くのか先の見えない介護は、家族にとって辛いことですので、公的サービスや周囲の人たちの協力を得ながら、在宅生活を継続できるようにしなければなりません。特に家族介護者の場合、頑張りすぎるとＢＰＳＤの発症状態によっては限界がすぐにきます。

介護は１人ではできないということを自覚し、苦しむことなく自分の納得のいく介護を成し遂げ、介護の終わりが来た時の「達成感」を周りの人たちと共に感じることができるように、考え方を変えてみてください。

家族介護者に伝えたい介護の在り方

ご家族の方に伝えたいことをまとめましたので、参考にしてみてください。

・家族は介護のプロではない
・完璧な介護はプロでもできない。
・1人で頑張りすぎない
・周りを気遣う介護より、本人（認知症の人）のQOLを目標とする
・辛い時は躊躇なくSOSを発信する
・息抜きは必要なことと意識する
・介護者が疲れると虐待につながる危険性がある
・自分が幸せでなければ人に幸せを与えられない
・公的サービスやボランティアを活用して適度に休養を取る
・何事も深刻にならず生活に笑いを取り入れる

3．強い絆の、あったか家族

微笑ましい介護の事例

70代の高齢夫婦と40代前半の娘の親子３人で、肩を寄せ合って生きてきたという家族です。

夫のみのるさんは、転倒して骨折し入院することになりました。これまで家族とは離れて生活したことがなかったので、１人での入院が辛かったのでしょう。家に帰りたいという願望が強くて勝手な行動が見られたようで、病院から退院を言い渡されました。退院した時には、軽度ながらも認知症と身体機能の低下で歩行が不安定な状態でした。

私が初めてお宅に伺った時は、とても穏やかな家庭という印象でした。みのるさん自身もにこやかで、言葉少なく物静かな感じだったので、病院から退院させられるようなことをする方とは思えませんでした。

余程、家族と離れているのが不安だったのでしょう。

娘さんは仕事を持っているし、奥様は高齢で虚弱なため、デイサービスやヘルパーの利用を勧めたのですが、家族だけで看ていきたいとのことでしたので、入浴時の安全を考えた整備と手すりのレンタルだけで、この家族との付き合いが始まりました。

娘さんは、高齢の母親を気遣い、仕事に出かける前に調理から家事一切を見事に済ませ、1人で頑張っておられました。それも悲壮感なく楽しげな様子なので、頭が下がる思いでした。けれど、家族以外との触れ合いがなく、穏やかではあるものの刺激のない生活であったため、みのるさんの認知症が進行するのではないかという心配がありました。けれど、それも1つの家族の在り方として見守ることしかできず、1年ほどでかなりの進行が見えてきました。

介護の手間は増えてきても、娘さんの「父親の介護は家族だけで看る」という意思は強く、日中の介

護が母親だけで無理になった時は、一時的に仕事を休止して、甲斐甲斐しく1人で頑張っておられました。

家族の絆が強いということがみのるさんの安心につながり、認知症が酷くなって自分では何もできない状態になっても、トンチンカンなことをしても、優しく愛おしそうに笑って接してくれる家族の前では、何も問題行動となるようなことはありませんでした。

高齢の奥様も介護に疲れている様子はなく、いつ訪問しても穏やかな状況で、最後までヘルパーの手を借りることなく、家族のみでの介護を貫きました。

葬儀も奥様と娘さん、ケアマネの私、3人でのお見送りとなりましたが、家族にとっては頑張ってきた達成感を感じているようでした。

ケアマネの立場から見て、もっと楽にできる介護方法があるのにとか、みのるさんのためにも認知症の進行を遅れせることはできたのではないかなどと考えたりしましたが、このような介護をみのるさん自身も望んでいたのかもしれません。

家族の在り方はそれぞれに違います。一般的な「辛くない介護」が当てはまらない場合もあるということに気付かされた、初めての事例でした。

第2章　ＢＰＳＤ（認知症の周辺症状）への対応方法

１．上手な対応方法

ＢＰＳＤは認知症の方の意思表示

家族で介護する場合は特に、家族という立場から慣れや忙しさで、忘れるからいいだろうと、ついぞんざいな扱いをしてしまいがちです。

毎日、それも頻回に同じことを聞かれたりすると、苛立ちから「さっきも言ったでしょ、何回言わせるの」と大声でくどくどと説教をしたり、逆に「また同じことを」と嫌味を言って、それ以降は無視をするなど、よく見る光景です。

気持ちはわかりますが、たとえ認知症になっていても言われた本人は傷ついています。言われた内容は忘れてしまっても、その時に感じた悔しさや悲しさ、情けなさや腹立たしさは言葉では上手く相手に説明できないため、そんな自分が情けないと思ったり、自分の気持ちを理解してくれないことに腹が立ったり、そんな気持ちの意思表示がＢＰＳＤなのです。

何度も同じことを繰り返す

何度も同じ話をしたり、同じことを聞かれたりして、介護者はうんざりすることがしばしばですが、初めて聞くような顔で接してあげてください。怒ったり、ぞんざいな態度を見せるのは逆効果です。

時間が許せば、丁寧にゆっくり聞いてあげることで、認知症の方の安心感や満足感が得られ、症状の軽減につながることもあります。

記憶が曖昧なため、事実と異なったことを話す

そんな時は、本人の話を否定せず、まずは「そうね」と話を合わせながら、聞いた

上で、事実の部分を取り上げ「そうだったね」と話に共感しているという姿勢で回想しながら、間違っているところは「こうだったんじゃないのかな？」とやんわりと説明すると、聞き入れて満足そうに納得してくれることがよくあります。

それでもダメな時は、無理に間違いを正そうとはしないでください。間違いを正すことよりも、嫌な気分を残さないことのほうが、その後の介護に良い影響を与えます。

暴言・暴力・大声を出す

怒っている時は、どんなに説明しても火に油を注ぐだけです。

身体の痛みや思うように動かない身体的な苦痛、何かしらの不安を感じた時、自分の思いを上手く伝えることができない苛立ちなどから、攻撃的になることがあります。

そういう時は静かに話を聞いて、共感的な態度で見守ってあげてください。それでも収まらない時は、その場を離れるか、他の人に代わってもらうなど、本人の気持ちが落ち着くのを待つしかないでしょう。また、落ち着いてきてからは、その時の怒りを批判したりせず、何が気に入らなかったのか、直接的ではなく、言い方を考えながら会話をし原因を探っていくと、なぜ怒っていたのかが見えてくることがあります。表情や話す内容で介護者への攻撃なのか、自分自身の体調や生活環境への不満に対する苛立ちなのかの見極めをして、もし介護者に向けた怒りであれば、その場を離れるか他の人に代わってもらうなどして、怒りを鎮めることを優先してください。

大切なのは、本人の思いを受け止め、一緒に頑張っていこうとする姿勢をゆっくりと認めていってもらうことだと思います。介護者を信頼できてこそ、本人の不安やイライラは取り除かれ、気持ちの安定が図れるのではないかと思います。そうなれば介護者の負担も軽減されるでしょう。

徘徊

利用者にとって徘徊は、意味があることなのです。

人によってその理由や内容は様々であり、その環境やその時々によっても、外出しなければと思う気持ちもいろいろです。

徘徊の場合は、出かけようとするのを危険だからと、くどくど説明したり、外出できないように玄関に鍵をかけるようなことは逆効果になります。実際、そんなふうにされて何とかして家の外に出ようと、高窓から飛び降りた方がおられました。幸い怪我は軽く近所を歩いているところを近隣者に連れて帰ってもらったからよかったのですが、下手をすると大ごとになりかねません。

穏やかな態度で「どこに行くの？」と声かけをして話を聞き、「そうなんですか」とか「それは大変ですね」などと、まずは受け止めることです。外出したいと思った時に、他のことで気をそらすという気分転換法は、結構効果があります。

緊急性のない理由なら、出かけることを引き延ばすのもいいでしょう。例えば「洗濯物をたたんでもらうと助かるので、その後では駄目ですか？」とか「私も片付けが終わったら出かけようと思っているので、一緒に出かけましょうか？」などと、興味がありそうなことの理由を作って時間稼ぎをすると、出かけようとしたことを忘れてしまいます。

出かけるのを止めることができない場合は、無理をせず本人のしたいようにさせて、後ろからそっと付いて行き、適当なところで偶然を装い、声かけをするとホッとしたような表情が見られます。歩いているうちに目的を忘れてしまい、自分がどこに行こうとしていたのか、何をしようとしていたのかわからなくなって、不安からパニックを起こす場合もあります。外出したことに対して否定的なことは言わず「どこに行っていたの？」と自然にふるまい、話をしながら帰宅するように誘導すると、ほとんどは難なく帰ることができます。

その時々で対応も違ってくるでしょうが、本人に嫌な気持ちや不安な気持ちを残さないようにすることがポイントです。接し方によって徘徊しなくなったという事例もあります。

本人をよく観察していると、目的や時間帯、行こうとしている場所などが見えてきます。外出しようとしている時は、それを阻むのではなく、どこへ何をしに行くのかを共感的な態度で聞いてください。そうしながら、本人のできる仕事や興味のある話をしているうちに話の流れで出かける目的を忘れ、落ち着くことがあります。

ほとんどの認知症高齢者は、仕事を頼むと張り切って嬉しそうに手伝ってくれます。

一人暮らしの場合は、時間帯に合わせてヘルパーの訪問サービスを組み入れる、近所の人たちやよく行く商店、スーパーなどに協力を依頼するなどして、見守りを強化しましょう。また、地域によって異なりますが、徘徊者見守りの対策を構築していますので、家族は頑張りすぎず、ケアマネや地域包括支援センターに相談してください。

物盗られ妄想・嫉妬妄想

特に介護者の精神的ダメージが強いものが、物盗られ妄想や嫉妬妄想です。介護者自身が傷つき、精神的なダメージから心療内科の受診を続けているという方も多く見られるほど、ＢＰＳＤの対応は困難なものです。

よく見られる物盗られ妄想は、自分自身の記憶や状況の把握がはっきりせず、思考力の低下プラス性格や生活の背景が要因となっているようです。自分で片付けたことを忘れ、探しても見つからず、その不安から失われた記憶を取り繕うため、盗まれたという妄想を引き起こすとも言われています。

物盗られ妄想は身近な家族や訪問介護ヘルパーなどに矛先が向かい、泥棒扱いされるため、介護者の精神的ショックが大きくなります。泥棒扱いされても優しい気持ちでいるのは難しいことですが、否定して言い合ってもお互いの関係が悪くなるばかりです。どんな時も決して否定せず、しっかり話を聞いてから「うっかりしてどこかに置いたのかも。一緒に探しましょう」と本人の承諾を得ながら一緒に探して、出てくれば「良かった」と一緒に喜び、「誰しもうっかりすることはありますよ」とか「また何かがないと思う時はいつでも言ってくださいね、一緒に探しましょう」と本人が安心できるように、優しく言ってあげることです。

夫（または妻）が浮気をしていると妄想的な嫉妬で絶えず夫（または妻）に詰め寄り、家族や周りの人たちに訴えたり、訪問ヘルパーと夫（または妻）が浮気をしているなどといった嫉妬妄想があります。これは、記憶が薄れて、状況がぼんやりしていくため、自分が頼れる大事な人が奪われて、自分から離れていくという不安から来るものと言われています。

そんな時は「何で？」と思うより「何が言いたいのか？」を考え、それを誰に対して発信しているのだろうと考えます。難しいことですが、認知症の本人が興奮していても、介護者は穏やかに、理不尽なことと思っても決して否定せず、肯定もせず静かに話を聞いてあげてください。本人の思いを吐き出せるようにすると妄想も緩和されていきます。常に会話を多くして「私はあなたの味方ですよ」ということをアピールすることで、攻撃がなくなったという事例もあります。

失禁・弄便

弄便（ろうべん）とは、排便感覚がなく、お尻に便がついている違和感やオムツの中の不快感から、便とは認識できずに「何かある、何だろう」とオムツに手を入れて便を取り出してしまい、何かわからないまま、汚れた手を何とかしようとして、洋服で拭いたり壁や近くにあるもので拭き取ろうとする行為です。便が不潔なものという認識がなく、それを口に入れてしまう人もいます。

こういう光景を見せられると、介護者は絶望的な気持ちに襲われることでしょう。介護のプロにとっても難しいことです。けれど、感情的になって頭ごなしに怒ったり責めたりしないでください。言われた内容は忘れてしまいますが、怒られた恐怖心や嫌悪感が残るため、介護を拒否するなど、後々の介護生活がもっと辛いものになってしまいます。

弄便行為は、介護の中でも介護者を悩ませる度合いが高く、そういう状況の中で介護を長く続けるのは困難なことです。第３章に弄便を上手く回避できた家族の事例があります。事例の紹介では簡単なように書いていますが、排便リズムをつかむまでは何回も空振りがあり、大変だったようです。けれど、短期間で結果が出る場合もあります。どちらにしても、介護の手間が軽減されることを期待して、挑んでみてください。

「いつか自分も通る道」という気持ちで向き合う

認知症を伴う高齢者の場合は、日常生活の在り方に問題が多く、介護に負担を感じるようになると、ついものの言い方や対応がぞんざいになってしまうのも仕方ないことかもしれません。けれど、考えてみてください。自分が介護される立場だったらということを。

自分では何もできない人であっても、人生経験豊富な先輩であり、プライドもあります。介護者たちに迷惑をかけているという気持ちも持っています。言いたくても言えないこともあります。利用者の気持ちに寄り添い、個人の尊厳を守りつつ、上から目線ではなく、謙虚な気持ちでいつか「自分も通る道」と思って、優しく接してあげてください。

第3章　認知症介護の事例

1．利用者のQOLが向上した事例

信頼関係ができると介護も楽になり、楽しみも味わえる

認知症初期段階であり、精神的な障害は出ていない方の例です。

介護職員の対応に優しさがあり、本人の性格的なことも影響して、さほど困難な思いをすることなく良い結果が出ました。

軽度認知症で気難しいのりこさんは、訪問ヘルパーだけの支援で在宅生活を維持していました。

ある訪問日、いつもより元気がなく食事も進みません。ヘルパーが勧めても顔を見ようともせず無視しています。ヘルパーは利用者の横に座り、「体調が悪いのかなー」

と優しくゆっくりした口調で水分摂取量や排泄状況を聞くのですが、のりこさんは考えている様子はあるものの返事がありません。覚えていないのです。聞いてもわからないだろうことはヘルパーも予測していましたが、お腹を触るための前準備として尋ねたのでしょう。

しばらくは、洗濯機を回しに行ったり台所で片付けをしたりしていました。10分ほどのことです。それもバタバタ忙しそうにせず、体調が悪いのを気遣って、いつもよりスローペースで行ったそうです。そして、またのりこさんの側に座り「食欲がなさそうですね、何か他に食べたいものがありますか？」と聞くと、「別にない」とのことでした。「お腹が張って気分が悪いのかなー」と言って、すんなりとお腹を触ることができました。

この時のヘルパーはのりこさんを担当してから1か月ほどでしたが、話し方や表情でのりこさんのその時の気分が大体わかったそうで、今なら積極的な対応も大丈夫と思い、実行したとのことでした。

お腹がかなり硬いような気がしたので、食欲がないことも含め、ケアマネに連絡し、病院に連れて行きました。結果は便が溜まりすぎて危険な状態と即刻処置をして

頂き、帰りは嘘のように笑顔が戻っていました。ヘルパーからは「自宅に戻ってから『ありがとう』と言ってもらいました。こんな言葉は初めてです」という報告があり、ヘルパー自身とても嬉しそうでした。

ヘルパーの機転によって気分が良くなり、ヘルパーに対して「信頼できる人」という気持ちになり、それを境に利用者と親密な関係性が生まれて、介護も楽しくなったといいます。そのことを嬉しそうに話すヘルパーの顔を今も思い出します。

介護とは一方的にするものではなく、介護する人と介護される人が共に歩んでゆくことで、お互いに幸せな気持ちになれるということが、長く続けられる原点ではないでしょうか。

認知症であっても楽しい毎日を送っている

徘徊行動が頻回にあり、家族の負担が大きく大変な事例でしたが、家族の愛情と介護サービスを利用しながら、根気よく対応した結果、３か月程度で介護負担が軽減され、その1年後には施設に入所されましたが、施設内でも生き生きとして楽しそうに生活を送っている方の事例です。

かずこさんは集合住宅で一人暮らしをされていて、２軒隣には妹さん家族が住んでいました。かずこさんは長年、会社勤めをされていましたが、認知症状の進行により退社し、その後は妹さんが常に見守りながら生活全般を見ていました。

ほぼ毎日どこかに出かけ、どこに行ったのか聞いてもわからないと言うのだそうです。最初は1人で帰ってくるので気にもしなかったのですが、時々自転車で15分ほどの距離にある駅に行っていたようで、一度、自転車で出かけたことを忘れて歩いて帰ってきたことがありました。

その後、自転車は危険なため、壊れたからと言って乗れないようにしていたのですが、それでも歩いてどこに行くのか1~2時間ほど出かけていました。そこで、危険だからと注意すると、妹さんに対する態度が攻撃的になってきたのだそうです。次第に「お金を取った」とか「家の中のものがなくなった」などと言って被害妄想が出始め、自分では介護しきれないと妹さんから相談があり、介護サービスの利用を始めました。

かずこさんはとても人柄が良く、世話好きで明るい人でした。「世話好きで明るい」ということにポイントを置いて、次のように介護サービスの計画を立てました。

・妹さんの見守りや家事援助は必要なので、これまで通りお願いする。
・通所介護（デイサービス）を日曜日以外は毎日利用する。
・認知症ではあるが、身体的には問題がなく世話好きの人なので、できるだけ仕事を与えてほしいとデイ職員にお願いする。

早起きのかずこさんは7時頃には自分で着替え、妹さんが用意して置いてあるパンとコーヒーで朝食を済ませています。当初、妹さんの声かけもあり、デイ職員の迎えの時間を待っていたのですが、4～5日後には時々出かけるようになり、デイの迎え時にいないことがありました。

ある朝、通常通り迎えに行くと、かずこさんがいません。妹さんに聞いても気が付かなかったと言い、どこにいるかわからないとのことだったので、施設に電話をしました。その施設には、徘徊した人を探すのが得意な人がいました。見つけた時は偶然を装い「どこに行くの？」と声をかけて、出かけた理由や利用者の思いをゆっくり聞き、決して非難めいたことは言わず、できるだけ利用者が積極的に話せるように仕向けました。それを情報として介護関係者間で共有します。

話をしているうちに「難なく自宅に帰れる」と施設職員（徘徊の人を探すのが得意な職員）は言いました。出かけてしまう原因は「亡くなった夫が、さっきまでいたのに、どこかに行った。お腹が空いているとかわいそうだから探している」ということだったそうです。

時には、かずこさん本人が長年勤めた会社で「人手がなくて困っていると言うから、手伝いに行く」という場合もありました。デイ職員が迎えにくる時に留守が多くなった理由です。スタッフはかずこさんが行きそうなところを予測して探し、見つけるといつものように偶然を装いました。

ある日のことです。かずこさんを見つけたスタッフが声をかけました。

「かずこさん、こんなところで会うなんて偶然。どこに行くの？」

「会社で人がいなくて困っているから、かわいそうだから手伝いに行くの」

「かずこさんは優しいね。でも妹さんとどこかに行く約束をしていたでしょ」

そう言うと、その瞬間に会社のことは忘れて妹さんの話になり、帰る道々もスタッフの善意の嘘で、妹さんの手伝いも忘れデイサービスへ無事行くことができました。

スタッフは「初めは予想もつかず、探すのが大変でした。でも5～6回探した頃から、常に会話を

かずこさん
お手伝い
してるの？
お仕事
だからね
お給料
もらって
るから

多くしてかずこさんの気持ちを探ろうとしたり、妹さんとも情報を共有しているため、案外楽に徘徊のパターンやコースが何となくわかるようになりました」と嬉しそうでした。

このような関わり方をしたことで、認知症の方の精神的な乱れはなく、むしろ満足げな様子で、デイサービスに行ってもおしぼりを畳んだり洗濯物を干したりして職員の手伝いをしながら、認知症であっても楽しそうな毎日を送っておられます。

ちなみに、妹さんや他の人たちにも「仕事をしに行っている」と言っているそうです。

弄便がなくなり、介護が楽になった

認知症としては重度に近い人の例です。

家族によると、毎日紙パンツを脱いでしまったり、パンツの中に手を入れて、手に付いた便を洋服や布団で拭いたりして後始末が大変だと嘆いていました。

尿意や便意を感じてもトイレに行くということが理解できず、パンツの中で排泄してしまい気持ちが悪くなって、排泄物が汚いということもわからないため、それを何とかしたいと思って、そのようにしてしまうのでしょう。原因を探り、そこから対処法を考えることです。

まず、1日の排泄に関しての時間的なことを観察し、それに合わせてトイレへ誘導するようにします。その時にタイミング良く便が出ればいいのですが、したくなければ簡単には出てくれません。

家族にとって大変なことだったと思いますが、根気よくトイレ誘導を行っているうちに、上手くトイレでの排泄ができるようになったそうです。

「本人の体を清潔にしたり周りに付いた汚物の処理をすることを考えれば、楽なものでした」

そう言って、家族は喜んでいました。

その後、家族自身も状況観察ができるようになり「時間の間隔もわかってきたことと、態度でなんとなくトイレに行きたいのかなとわるようになってきました」と困り果てて相談された時よりもずっと明るい表情で話してくれました。

毎日根気よくトイレ誘導するようになって１か月が過ぎた頃には、ほとんどトイレで排便できるようになり、弄便もなくなりました。介護者が忙しかったり、ついトイレ誘導を忘れたりした時にはオムツに手を入れることもあるようですが、そんな時でも早く気付けるようになり、汚物の処理は楽になったそうです。半年が過ぎた頃には「この程度なら最後まで自宅で介護ができる自信が付きました」と余裕の表情でした。

認知症の方にとって、介護者がうんざりしていたり、イライラを感じながらする介護は逆効果です。

家族にとって本当に大変なことだと理解できますが、だからこそ長く続くかもしれない介護を楽にするためだと考えて、適切な対応を学び、優しい気持で接していると、「介護する人・される人」共に穏やかな気持ちになり、介護負担も軽減するのは間違いないと思います。

グループホームに転居して見違えるように

やすこさん（女性）の例を見てみましょう。

認知症も中等度以上になると進行を止めることは不可能かもしれません。ですが認知症が酷くなっても、ご本人が生きている喜びを感じられれば、それは生きる価値があり、幸せなことだと思います。

Aグループホームでのことです。やすこさんは大きな家で一人暮らしをしていました。身体的には問題ないものの、軽度の認知症が見られたため、一人暮らしは危険であると近くに住むお孫さんの判断で、自宅近辺にある有料介護施設に相談に行ったところ、その施設ケアマネの計らいで介護サービスを利用できるようにしてもらい、入所したそうです。

入所しておよそ10年、お孫さんの依頼で、ひょんなことから私がケアマネを担当することになりました。やすこさんは両股関節を骨折して歩けなくなり車いすを使っている状態で、認知症も進み、要介護5となっていました。

その施設の存在は知っていたものの、入るのは初めてで、やすこさんとも初めての面接でした。あまり会話もなく、話してもよくわからないことが多くて、本人の情報はお孫さんと施設スタッフから聞くことしかできませんでした。しばらくは頻回に施設を訪問して様子を見ていましたが、施設スタッフのいつもの状況報告から、いくつか見えてきたことがありました。報告内容は次のようなものです。

・弄便（オムツの中に手を入れて汚れた手で服やテーブルを汚す）が頻繁にあり、その始末や着替えをさせることが大変。
・よく大声を出して気に入らないとスタッフを叩こうとする。

いかにスタッフが大変な思

いをしているかという報告ばかりで、楽しい話が全くありません。利用者の気持ちを全く考えていないことがわかります。やすこさんが入所していたところはあまり良い施設とは言えないと思い、お孫さんに他の施設に移ってはどうかと提案しました。すると「良いところがあればお願いします」という返事だったので、早速、心当たりのグループホームを紹介し転居することになりました。

そのホームはこれまでも何人か入所していて、どの人も驚くほどＱＯＬが上がっていたのです。

やすこさんの場合は長い間かなり悪い環境の中で過ごされたので、少々の不安はありましたが、さすがです。１か月後に様子を見に行った時には、すっきりした顔をされていました。私のことを覚えているのか定かではなく、話す内容もよくわかりませんでしたが、話し方が明るくしっかりしているようでした。

排便は時間を見計らい毎回トイレに座るようにしているので、紙パンツを時々失敗して汚すことはあっても、弄便は全くなくなったということでした。また、外出以外、施設内では一切車いすは使用していないそうです。

３か月後にもう一度覗いてみたところ、トイレや自分の部屋の出入りも移動は全て

手引き歩行で行っているというので、実際に歩く姿を見せてもらい感激しました。

あれだけ酷い状態でもこんなに明るい表情でいるやすこさんを見て、いくら認知症が酷くなっても、人間としての感情は失うことはなく、介護者の誠意に喜びを感じているのだと改めて実感しました。

介護疲れで険悪になった夫婦関係がグループホーム入所で改善

さだおさん75歳（男性）の例です。

さだおさんはカラオケが好きで、定年退職後によく通っていたお店で知り合った女性と同居するようになり、10年くらい一緒にカラオケや外食などを楽しんでおられました。

ちょっとした不注意で転倒し、股関節を骨折したため手術を受けたそうで、退院後は車いす状態となり、内縁の奥様が車いすで介助しながらリハビリに通っていましたが、半年も過ぎた頃、認知症状が出たようで、1人で看るのは辛いと相談に来られました。

翌日、自宅に訪問して、さだおさんと初回の面談を行いました。基本情報を収集して、どんなサービスを希望しているのかを聞くと、奥様は通院介助と車いすのレンタルを希望されていましたが、本人に聞くとわからないと言いました。

車いすはすぐに手配できるけど、通院介助は要支援になった時は利用できない（その場合、費用は自己負担）ので、要介護の認定が確実になるまで待っていたほうがいいと提案し、それまで奥様に頑張ってもらうことにしました。その間に1回はケアマネが同行することとして、医師と面談し、リハビリの様子も見せてもらいました。

1か月後、要介護1が認定され、週に2回、ヘルパーによるリハビリのための通院介助が始まり、本人も満足しておられましたが、奥様は「買い物に行っても機嫌が悪く、少し遅くなると『何をしていた』と怒鳴り、口汚く私を罵る」と、愚痴も出始めました。こういう場合は奥様の介護疲れを受け止め、労いの言葉をかけていたのですが、さだおさんの様子を見ていると冗談を言って奥様やヘルパー、私たちを笑わせてくれるし、穏やかな性格のようでした。

しばらくは自宅にも頻回に訪れ、奥様の愚痴を聞きながら様子を見ていたのですが、トイレ移動が困難で、トイレの前までは行ったのに間に合わず汚したことがあったようです。奥様は本人を前にして、そのことを詳細に話します。また、奥様はさだおさんに対して些細なことでも人前で注意をしたり、言い聞かせるような言葉使いであったりするところが見えてきました。

定年退職するまでは小学校の校長先生として勤め上げた人だけにプライドも高いでしょうし、奥様にさだおさんの恥ずかしいことは人前で言わないほうがいいと説明しても、介護疲れからか聞く耳を持たず、そのうちに私やヘルパーがいる時でも、喧嘩を始めるようになってきました。

「お父さんは私がいないと何もできず困るでしょ」

「構わん、出て行け。いないほうがすっとする」

私は、途中で茶々を入れて喧嘩をやめさせようとしていたのですが、お互いだんだん本気になっていくようだったので、施設入所を提案しました。本人は承諾していたのですが、奥様が経済的な理由で拒否されていました。奥様から経済状況を伺い、上手く振り分ければ2人とも心配なく暮らせると説明すると、奥様も乗り気になり入所することになりました。

運よく前の例で紹介したグループホームで一部屋空く予定があるとのことだったので、即入居の予約をしました。あのグループホームに入れたら、もう安心です。案の定、さだおさんは入ったその日から

穏やかで、ニコニコとご機嫌でした。

1か月後に訪問すると、施設内移動は手引き歩行で、車いすは一切使っておらず、排泄の失敗もないということでした。テレビの前のソファーに座ってうとうとされて

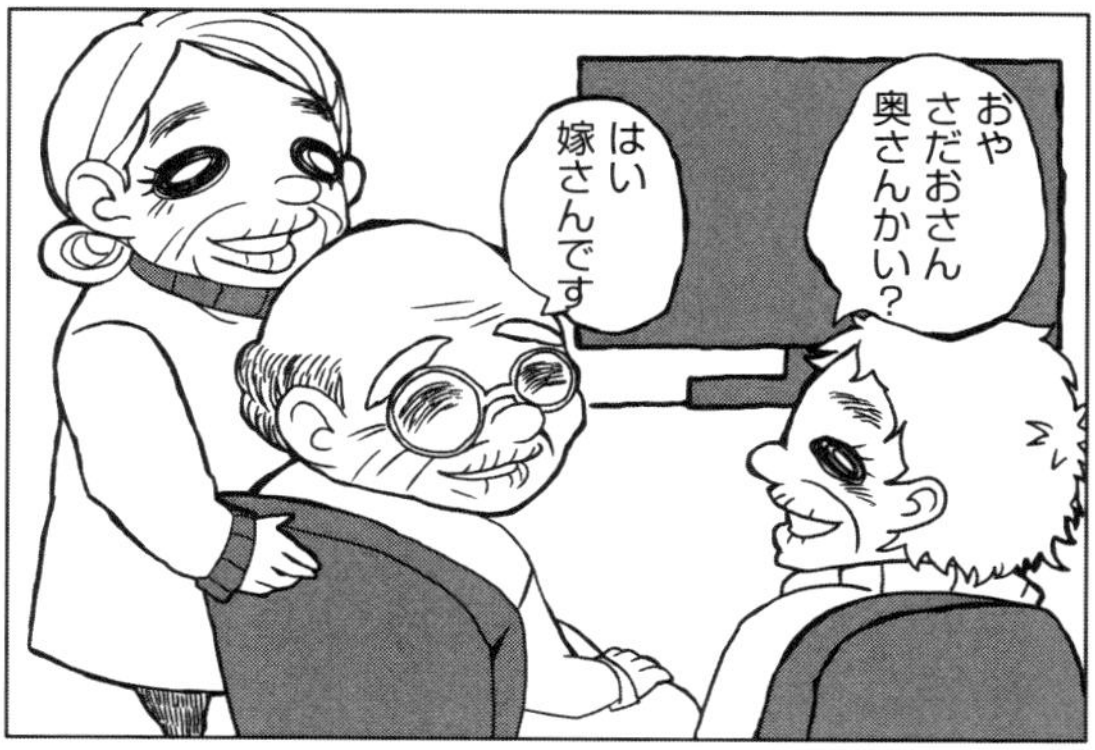

いましが、スタッフに聞くと、物静かでありながら冗談を言ったりして施設の人気者になっているということでした。

残された奥様を時々買い物などで見かけるので、様子を伺います。

「おかげさまでゆっくり友達とカラオケができて、楽しんでいます」

「最初は施設に来るなと言っていたのに、最近では私が来るのを待っているようです」

「ちょっと距離はあるけど、リハビリと思って週に一度は必ず行くようにしています」

会うたびに奥様は、さだおさんと自分の近況を嬉しそうに知らせてくれます。

枯れかけた夫婦愛が、離れたことで、また花が開いたようでした。

気付きから改善までの家族・介護スタッフの対応の記録

異常に気付いた時からあっという間に症状が進行したものの、あるきっかけで改善できた例を紹介します。介護認定の申請から、その後の実際の流れも併せて説明します。

夫婦2人で暮らすえみさんは、福祉委員として地域に貢献していましたが、ある時から夫が軽度の認知症になり介護をするようになりました。すると、それから半年もしないうちに、今度はえみさん自身にも認知症らしき兆しが見えてきました。

症状としては、次のようなものでした。

・調理はあまりせず、弁当や総菜、パンなどがテーブルの上や冷蔵庫の中に山積みになっていた
・1日に何度も探しものをしている
・福祉委員は夫の介護をきっかけに辞めていたが、周りの人たちも会話の中で気付いていた

隣の市に住む娘さん（次女）が、週に３〜４回の訪問と、毎日の電話で様子を確認していたので、えみさん自身は特に不安を感じることもなく、「まだ１人でお父さんの介護はできる」と張り切っていますが、娘さんは不安を感じていました。娘さんの説得により介護サービスの利用をえみさんが承諾し、友達感覚で受け入れられるようにと、年齢の高いヘルパーにお願いすることにしました。

では、申請から確定までの流れを見ていきましょう。

①介護認定の申請から確定までの間に準備すること

・認知症専門医の診断を受けること（申請する旨を伝え、意見書の依頼をする）
・えみさんのプライドを傷つけないように、何気ない話の中で「80歳を超えると誰もが行う検査があるから、受けてみよう」（嘘も方便）と、軽い気持ちで勧めること
・担当医にはえみさんの症状や家庭の事情などを事前に説明し、協力してもらうこと
・介護サービスの利用（ヘルパーの訪問）について本人の承諾を得ること

１か月後に要介護１の介護保険被保険者証が送られてきました。えみさんの認知症

検査の診断結果は、アルツハイマー型認知症でした。

②医師の診断をもとに今後の支援計画を立てる

・ご主人が拒否されているためデイサービスは当分は利用せず、訪問ヘルパーの支援で対応する

・えみさんはヘルパーの支援を受ける必要はないと言われたが、娘さんの話を聞いて納得された（これまで毎日の電話連絡と毎週3日程度来ていたので、疲れたから少しゆっくりさせてとほしいと伝える）

・えみさんが気兼ねなく接することができるよう、高齢で話が合いそうなヘルパーを選んで依頼

・ご主人の週3回とえみさんの週4回を加えて、毎日、夕方の訪問とする

次に、えみさんの現在の状態やこれまでの生活状況、家族との情報交換などから注意すべきことを確認します。

③介護スタッフに対する注意事項をまとめる

・えみさんのイメージでは、ヘルパーは何もできない老人のところに行く人と思っているので、構えることなく友達感覚でコミュニケーションを築く
・物忘れなどが年齢相応ではなく進んでいることを、プライドを傷つけないように注意しながら伝え、自分自身の変調を受け止めてもらう
・注意したり批判的なことは言わず、冷蔵庫の中の整理をしながら軽い口調で、たくさん買いすぎていることに気付いてもらえるような声かけをし、えみさんの表情などから心の動きに配慮する
・病院に行く気持ちになってもらえるよう誘導しながら会話をする
・何事も急がず、えみさんのペースに合わせる
・買い物に同行する（行く前に冷蔵庫の中の在庫を一緒に確認し、買ってきたものを一緒に収める）
・調理を一緒にする（献立はまずえみさんに聞いて、迷っていればアドバイスをする。ヘルパーは率先して動かず、えみさんのこれまでの調理方法を教えてもらうようにして見守りながら、えみさんのできることや危いことなどを見極める）

・人生の先輩として、料理に関しても敬う気持ちを持って接する（批判したり自分のやり方を強要しない）
・プライバシーに関することは自分のことも含め、えみさんや家族のことを聞いたりせず、前向きな楽しい会話を多くする
・えみさんが「自立できるようにするための支援」だということを常に念頭に置き、状況を観察する
・えみさんの支援であっても、家族である夫の存在を忘れないようにして、できるだけ会話の中に入れるような雰囲気作りを心がける

最初の6か月は、このような内容の計画書を作りました。

小学校の教師だった方が定年後、ボランティアで奉仕活動をしながらヘルパーの資格を取ったという方を紹介してくれたので、お願いしたところ、予想以上に早く信頼関係が構築され、えみさんも生き生きとしてヘルパーの訪問を待ちわびるようになりました。

娘さんも「これまでの負担が随分軽減されました」と喜んでいました。

当初に比べて夫婦ともに落ち着いてこられたようなので、これからは脳の活性化に向けて、多くの人と触れ合うことができるようにデイサービスの利用を勧めてみると、意外にも拒否していた夫からも簡単にＯＫの返事をもらいました。「結婚以来、自営業なので仕事もずっと一緒で、離れたことがなかった」と満足そうに話す2人の仲の良さを感じて、同じデイサービスの施設に行けるように手配をしました。

その後、休むことなく喜んでデイサービスに通っていたのですが、1年を過ぎた頃からご主人が体調を崩し、デイサービスを休むことが多くなってきました。当然、えみさんも休むことになりました。夫の病状の進行に合わせるようにえみさんの認知症状も進行しているようで、娘さんも頻回に訪問しなければならず、ヘルパーの訪問も朝・昼・夕の毎日3回となりました。この頃は要介護2になっていました。

ご主人の病状は安定せず、デイサービスを休むようになってからも体調は相変わらず優れませんでした。それから4～5か月後には入院することになりました。ご主人の終末期が見えてきた頃には、娘さんが同行して毎日見舞いに行っていたのですが、ある日、娘さんの都合でえみさんを連れていけないことがあって、ケアマネが同行しました。

病院の前で部屋がどこか知らないふりをしてえみさんに案内をお願いすると、全くわからない様子でした。2棟に分かれている2つの入口もどっちかわからないようで、何階か何号室かもわからない状態だったため、あまりの進行に驚きました。

その後しばらくは、他県在住の長女も手伝いに来て、姉妹協力し合って両親の介護をされていましたが、残念ながら1か月程度の入院でご主人の様態が急変し帰らぬ人となってしまいました。

お通や葬儀の時も久しぶりに会う親戚が大勢来てくれたので、えみさんはご主人との別れをあまり実感できなかったのでしょうか。忙しく皆とおしゃべりに花を咲かせていました。その後もえみさんを1人にはできないと、長女の家族がしばらく滞在し、キーパーソンである次女と交代で誰かがいつも側にいるように気遣っていました。

ところが、ご主人の葬儀が終わって親戚が帰った後も、寂しがることなくケロッとしているとのことでした。皆で心配していたのが良い意味で余計なことだったようで、家族と一緒にホッと胸を撫で下ろしたそうです。この頃、えみさんの認知症は酷くなっていたため、感情が薄れていたのかもしれません。

落ち着いた頃に訪問し、仏壇の前で思い出話をしている時も「愛する夫を見送った直後の未亡人」とは思えないような明るい姿でした。娘さん家族の愛情があっての結果と思われます。えみさんの笑顔を見られ、さわやかな雰囲気を感じました。
ご主人が亡くなり1か月を過ぎた頃、本人も含めて今後のことを話し合いました。

長　女「私たちもいつまでも一緒に住むわけにはいきません。妹も家族や仕事があるので、また母のことをお願いします」

ケアマネ「ご主人が体調を崩してからのえみさんの認知症の進行に対して、亡くなってからの改善には驚きました。デイとヘルパーの活用、娘さんたちの見守りで、何とか一人暮らしも可能な気がします」

えみさん「またデイサービスに行きたいし、ヘルパーさんも来てくれれば安心ですので、私は大丈夫です」

次　女「私が毎日、朝夕に電話して服薬やデイサービスの迎えに来る日など、声かけをするし、週に二、三度は様子を見に来るようにしますので、大丈夫と思います」

長　女「49日が済むまでは私もここにおりますし、月に一、二度は2、3日泊まるようにします」

本人と家族、ケアマネの意見が一致し、一人暮らしできるだろうということになって、早速デイサービス利用の手配と家族がいる間、中止していた訪問ヘルパーの再開を依頼することにしました。

④話し合いの結果による介護計画の実施

・デイサービスを週5日、ヘルパーの訪問を週3回とする
・服薬管理は、次女が週1回、お薬カレンダーにセットしておく
・デイ迎えの職員に、朝食後の薬の飲み忘れがないかを確認してもらえるよう依頼
・ヘルパーのサービス内容は以前と同じで、引き続きえみさんの心身状況観察を依頼

しばらくはヘルパーの訪問時間を忘れ、自宅裏にあるスーパーに買い物に行っていたことがあり、薬を飲み忘れたり置き忘れたりしてヘルパーと一緒に探すことが何度かありましたが、徐々にそうしたことも少なくなり、週3回の訪問でも、家族、デイ

職員、ヘルパーの見守りで何の問題もなく維持できるようになりました。

⑤それから５か月が過ぎた頃の状況

えみさんの自宅近くの病院にお孫さんの就職が決まり、同居することになったのだと、嬉しそうに話してくれました。この頃には話をしていてもなんの違和感もなく、普通の高齢者という感じでした。

お孫さんは学校を卒業して社会人になったばかりなので、介護者としてはそれほど期待できないものの、一緒に住んでくれるので夜も１人ではないという安心感がありました。えみさんにとっては大変心強く重要な存在です。小さい頃に面倒を見ていた時のことを思い出したりもしたのかもしれません。お孫さんに対して何かと気遣いを見せることがあり、齢相応の物忘れ程度にまで改善されたようで、本人や家族と一緒に喜んでいました。上手くいきすぎではないかと思うほどです。

お孫さんが同居してから３か月ほどでヘルパーの訪問は終了し、デイサービスのみの利用となりました。その後、「孫の食事の用意もしてあげたい」と言って、デイも１日減らし生き生きと暮らしておられます。

えみさん
今日は
お鍋に
しましょう
おばあちゃん
いってきます
いって
らっしゃい

介護認定の申請に関する基礎知識

・介護を受けようとしている人を利用者という。
・本人（利用者）または家族の申請もできるが、困難である場合は地域包括支援センターの職員やケアマネジャーに相談すると要介護認定申請をしてくれる。
・担当医には、介護認定申請のための「医師意見書」の作成を依頼する。
・申請から1～2週間後に認定調査員が利用者のお宅を訪問し、身体的、認知的な自立度に関して74項目を聞き取り、実際に動作をしてもらうことで調査する。
・申請から1か月前後で介護度が記載された「介護保険被保険者証」が送られてくる。
・ケアマネジャーを誰にするかは利用者の意思で決定できる(ここまではすべて無料)。
・これで必要なサービスを受けられるが、緊急の場合は、暫定の計画書を作成の上、申請した時から利用することもできる。その際、非該当だと全額自己負担となるので注意が必要（介護認定調査で介護対象外と判定されれば非該当)。
・介護サービスを受けた場合の利用者負担は収入により異なるが、サービス利用額の1割～3割となっている。
・ケアマネジャーの費用に関して、利用者負担は一切不要。

第4章　介護保険で利用できる介護サービスの紹介

これまでご紹介した様々な事例では、介護保険による介護サービスが使われています。それでは、ここで介護保険のサービスについて簡単にご説明していきたいと思います。介護には「居宅サービス」と「施設サービス」があります。

1．居宅サービスについて

①居宅介護支援（ケアマネジメント）

介護を必要としている人が適切な介護サービスを受けられるように、介護支援専門員（ケアマネージャー）が介護申請など諸々の手続きを代行したり、相談内容に応じて援助を行い、利用者の希望する生活を送れるよう支援します。

目的は、利用者に合わせた必要なサービスを提供し、自立した生活が営めるようにすることです。サービスを利用するには、ケアプラン（サービス計画書）が必要となります。そのためには、その人の取り巻く環境や、家族の介護力などを知る必要があります。また、保険利用中は、継続的に月に一度の訪問をし、介護サービスがプランに沿って順調に行われているか、新たな問題がないかなどのモニタリングを行います。

ケアプランは利用者や家族でも作成することは可能ですが、介護に関する専門知識が必要であり、各サービス事業者との連絡や、サービス内容の管理なども無料で行ってもらえるため、ほとんどの方がケアマネに依頼しています。ケアマネの費用については全て介護保険から出ているため、利用者が負担することはありません。

②訪問介護サービス

利用者が可能な限り、自宅で自立した日常生活が送れるように、訪問介護員（ヘルパー）が自宅を訪問して、食事、入浴、排泄、更衣などの身体介護や、掃除、洗濯、買い物などの生活援助を行います。

法律上、直接本人に施す介護や援助に該当しない場合は、サービスを提供できないことがあります。特に家族同居の場合は、生活援助について何でもできるわけではないので注意が必要です。また、訪問介護には通院などを目的とした乗車・移送・降車の介助サービスを提供する事業所もあります。

③デイサービス（通所介護）

施設に日帰り（送迎付き）で通います。定期的に通所することで生活にリズムができるメリットがあり、気分転換にもなります。食事や入浴が確保でき、レクリエーションを通して日常生活における身体機能の向上も期待できる上、家族介護者の休息にもなります。このように利用者にとっての利点が多く、訪問介護と並んで中心的なサービスとなっています。

④地域密着型通所介護（小規模デイサービス）

利用定員18人以下の小規模のデイサービスです。通常のデイサービスと同じ内容ですが地域密着型となると、利用者はその事業者と同一の市町村に住民票を有する者となります。中には宿泊設備付きのところもありますが、宿泊費と夕・朝食費は介護保険の適用外のため自己負担となります。施設によって異なりますが、日中はデイサービスを利用するため、かなり低価格になっています。

⑤デイケア（通所リハビリ）

介護老人保健施設などに日帰り（送迎付き）で通います。食事や入浴の確保ができることはデイサービスと同じですが、違いは医学的ケアと機能回復訓練が強化されていることです。なので、医師、理学療法士、作業療法士、看護師が配置され、個別訓練、集団訓練などを行っています。

⑥短期入所生活介護（ショートステイ）

短期間施設に入所し、日常生活全般の介護や見守りを行います。主に家族の介護負担軽減のために利用されています。

家族が病気や冠婚葬祭などの用事で一時的に介護ができない時や、介護による疲れからしばらく息抜きをしたい場合などに利用するのに適したサービスです。利用者や家族の事情により、利用日数は数日から30日まで可能です。

⑦短期入所療養介護（医療型ショートステイ）

長期間入院をしていた利用者が、退院後の医療的対応に困難がある場合は、医学的管理のもとで医療、看護、介護、機能訓練などを行いながら在宅生活に戻れるようにします。医療的な部分以外は、通常のショートステイと同様の内容です。

⑧福祉用具のレンタル・購入

利用者の日常生活の支援や、介護者の負担軽減のため、車いすや介護ベッドなどの福祉用具（洗浄や消毒により他者と共有できるもの）がレンタルできます。ポータブルトイレや入浴補助用具など、他者と共有しにくいものは購入していただくことになります。収入により異なりますが、定価の1～3割（自己負担）で購入できます。

⑨住宅改修

段差の解消や体を支える手すりの取り付けなど、自宅で安全に暮らせるように住宅を改修するための工事費用が支給されるサービスです。限度額は20万円となっているので、オーバーした分は自己負担となります。トイレの改修（和式から洋式へ）や、玄関から道路に出るまでの手すりの設置、段差解消など、安全確保のための改修も様々ですが、可能な工事の種類は決まっています。工事前には申請が必要となるので、ケアマネに相談してください。

⑩訪問看護サービス

看護師、保健師が医師の指示のもと、褥瘡（じょくそう）の予防やその処置、口腔ケア、喀痰吸引、膀胱カテーテルの交換など、医師と連携を図りながら療養上の世話や助言を行います。

⑪訪問入浴介護サービス

浴室の環境や利用者の心身の状態により、自宅での入浴や入浴可能な施設へ行くことが困難な要介護者に対して、浴槽を持ち込み、看護師1名と介護職員2名で、入浴前後のバイタルチェック（血圧や発熱の有無）や入浴中の安全に配慮した、安楽に入浴ができるサービスです。

⑫訪問リハビリテーション

理学療法士や作業療法士らが、寝たきりにならないためのベッドでの寝返りや起き上がりなど、生活困難な動作を利用者の残されている機能を上手く使い、順応できるように指導し、そのための訓練を行います。また、言語聴覚士は言語障害による失語症などの機能回復訓練を行います。これらの他に、利用者のＱＯＬが向上するように環境整備に関する助言も行います。

他に次のようなサービスも利用できます。

⑬居宅療養管理指導

⑭薬剤管理指導

⑮夜間対応型訪問介護

まだまだ利用できる在宅サービスがたくさんありますので、担当のケアマネージャーや地域包括支援センター、社会福祉協議会などに相談してみてください。

2. 施設サービス（公的な介護施設）について

特別養護老人ホーム（特養）

在宅生活が困難になった要介護3～5の利用者が入居できる施設です。

従来型とユニット型の２つのタイプがあり、古くからある従来型は４人部屋で施設全体で介護をしていますが、その後、制度化されたユニット型は全て個室で10人程度を1ユニットとして介護を行います。個人のプライバシーを尊重し、少人数で家庭的な雰囲気になっています。

公的施設のため入居一時金はなく月々の利用料のみで、民間に比べると低価格で入居できます。介護保険を利用するため、収入や介護度によって基本料金が違う場合もあり、従来型やユニット型など部屋のタイプによっても金額は異なります。

看取りの対応が可能なことから、ほとんどの入居者が終の棲家にと考えられています。そのため入居希望者が多く、以前は１００～２００人待ちということが当たり前でしたが、需要に伴って何年か前から民間の介護施設が急激に増加したことと、平成

27年に特養への入居条件が厳しくなったこともあり、現在入居を待っている人はそれほど多くはないようです。

ちなみに、特別養護老人ホームには施設在住地の市町村民のみが利用できる「地域密着型施設」と、他の地域からでも入居できる「広域型施設」がありますが、費用については変わりません。

介護老人保健施設（老健）

介護を必要とする高齢者の自立を支援するための施設として、介護保険法の規定に基づき設置されています。入所できるのは、要介護1～5の65歳以上の病状安定期の方です。

特養が終の棲家となるのに対して、老健は利用者の能力に応じた自立と在宅復帰を目指すところです。日常生活のお世話や看護・医療・リハビリテーションなどのサービスを提供する病院と、特養などの福祉施設や在宅の中間的施設となっていますので、3か月ごとに入所継続か退所かの判定が行われます。

何らかの病気で入院し、病状が安定して退院となった際、在宅での生活や他の施設への入所が困難な場合は老健に入所されることがほとんどです。

比較的低価格で入所一時金もなく、月々の介護サービス費と部屋代、食費などの日常生活費を支払いますが、特養同様に収入や介護度によって金額が変わってきます。

介護療養型医療施設

療養病床ともいい、医療的に重度の要介護者に対して充実した医療処置とリハビリを提供する施設です。他の施設では対応できないような医療も備えられており、多床室もあることから比較的低費用で利用できます。ただし、介護療養型の医療施設であり終身型の介護施設ではないため、心身が改善すると退所を求められます。

なお、現在は介護療養型の新設が認められていないこともあって、需要に対しての施設数が少なく入所は困難な状態です。

3. 民間の介護施設は多種多様

グループホーム

要支援2以上の認知症高齢者を対象にした小規模の介護施設で、入所の際は認知症であることを証明する医師の診断書が必要となります。

地域密着型なので、事業所と同じ市区町村に住民票がある方が入所できます。つまり、お住まいの市町村内のグループホームを選ぶ必要があります。良い施設だという評判を聞いても遠方では入所できないということですね。

看護師の配置が義務付けられていないため、医療行為が必要な利用者は施設によっては入れない場合がありますが、近年は看護師を採用する施設や訪問看護ステーションと連携することにより、ある程度の医療行為を行える施設も増えてきています。また、施設ごとに可能な医療行為に違いがあるため、直接施設に問い合わせる必要があります。

グループホームでは1つのグループをユニットと呼び、1ユニット5~9名で構成されます。小人数のグループを作り共同生活をすることで、認知症の進行を遅らせることができるよう支援しています。そのため、個室でありながらも日中は共同フロアで生活し、利用者の能力に応じた家事（簡単な掃除や洗濯物を畳むなど）や役割がそれぞれに与えられます。家庭的な雰囲気で利用者一人ひとりに合わせた認知症のケアが提供され、少しでも長くその方らしい生活ができるように支援します。

その他の施設

他には次のような施設があります。

・介護付有料老人ホーム
・住宅型有料老人ホーム
・サービス付き高齢者向け住宅
・高齢者専用賃貸住宅

名称は違ってもほとんど基本的な内容は変わりませんが、民間なので料金も様々でありサービス内容にも大きな違いがある場合があります。入居費用についてはピンからキリまでありますが、一時金が必要ないところも多くなっています。月々の費用も食費や介護サービス費を全て含めて18万～25万ぐらいからあり、金額的にも充分満足できる施設が多くあります。

同じような金額でもそれぞれ施設によりサービス内容に差がありますので、入所する際には、人任せにせず利用者、家族ともに納得できるよう自分の目で見て、入所後の不安要素を施設の担当者に確認しておくことが大切です。

4．認知症の方に対応した入所施設

グループホームの詳細

認知症の方の介護が家族では困難な状態になってきた時や、家族の状況で家庭での介護が無理な場合、施設への入所を検討することができます。

介護保険適用の施設には認知症の方も入所できるところがいろいろありますが、私の経験では、グループホームに入られた方に生活状況の改善が多く見られました。先の事例でも紹介しましたように、良いグループホームに巡り会えた時、その方の状態とグループホームでの受け入れがマッチした場合、ＢＰＳＤが驚くほど改善することが多々あります。

グループホームについて本やネットで調べてみると、認知症に対応してくれる施設だということだけはわかりますが、実際、どんな施設なのか、入所してもいいところなのか、不安に思われるかもしれません。そこで、グループホームがどういう施設なのか、どのようなところを選べばよいかについてお話ししたいと思います。

今回は、あるグループホームの運営をされている方からの協力を得て、より具体的な内容と、その施設をどのように運営しているかをお聞きすることができました。全てのグループホームが同じだとは言い切れませんが、おすすめできるグループホームの運営方法として大いに参考になると思います。

ある優良グループホームの内容と運営理念

今回は「街かどケアホームあやか」管理者の坂上博彦氏にお話を伺いました。

――はじめに、なぜ小規模で運営されているのかを教えてください。

小規模である理由

グループホームは、認知症の方に対応した1ユニット9名（最大3ユニットまで）の小規模施設です。どうして小規模なのかというと、認知症の方は、程度により差はありますが、新しいことを記憶しておくことが難しく、その一瞬一瞬が新しいことに感じられて落ち着かない生活を送っています。そのような方々には環境が非常に大切です。同じ苦しみを持たれている利用者や、少人数の職員で馴染みの関係を築くことが大切です。また、家事や習慣を継続できるよう支援していくためには、利用者とスタッフがより密に接していくことも必要です。これらによって認知症の進行を遅らせることができ、その方がその方らしく安心して生活が送れることに特化しているため、少人数になっています。

――では、具体的にどのようなことに注意して介護をしているのでしょうか。

環境を変えないこと

まずは、環境をできる限り変えないことに注意しています。

馴染みのものや今まで使用してきたものをできる限り持ってきてもらい、居室を自由にレイアウトして自宅に近い環境づくりを行います。例えば、使っていたＴＶや電子レンジ、冷蔵庫などを持ってきてもらいます。ご家族の写真を壁いっぱいに貼ったり、以前飼っていた犬小屋を持ってきたり、仏壇を持ってきて朝夕お経を唱えられたりなど、ご自宅と同じように過ごしてもらいます。

それから、習慣にされていたことを無理なく継続してもらえるよう、今までの生活リズムを大切にしてもらいます。起床や就寝、食事の時間など、それぞれの方の習慣に合わせ、お酒や煙草などの嗜好品もご自宅にいた時と同じように楽しんでもらいます。外食や散歩、買い物などにも自由に出かけてもらい、料理や洗い物、掃除、洗濯など家事をしてもらっても構いません。その方が日々の暮らしの中で大切にしていたことや楽しみを継続してもらうことで、環境に変化が起こらないよう注意しています。

今という一瞬を大切にすること

次に、一瞬一瞬を大切にしています。認知症の方は、記憶障害があるために、現状を理解して物事を考えることが難しいので、今会話していることにその方の思いがたくさん詰まっています。その言葉を大切にし、施設でよくある「ちょっと待ってください ね」という言葉を極力使わずに、その場で解決するように努めています。

それから、当たり前のことなのですが「嫌なことはしない」「したいことをしてもらう」ように注意しています。介護現場では、健康のためにと思って食事を残さず食べるよう声をかけたり、清潔のためにと思って入浴してもらうなど、本人の体調や気分を考慮しない介護を行ってしまうことがあります。

私たち認知症ではない者も、毎日決まった量を食べられるわけではないですし、入浴したくない時もあります。もちろん「健康」に注意することは大切なのですが、食事や入浴には「楽しみ」の部分も多くあるので、そうしたことを大切にしながらバランスを取るようにしています。

例えば「お昼と夕食に毎日カレーライスを食べたい」という方がいました。健康のことを考えるとちょっと不安に感じてしまうと思うのですが、私たちのところでは、希望されたとおりお昼と夕食にカレーライスをお出しします。これだけだと健康が気になるので、昼には野菜をたっぷり使ったカレーを提供し、夕食には肉やシーフードの入ったカレーを提供させて頂きます。また、他に不足気味の栄養素は、朝食時に補うようにしています。ちなみにこの方は、3日間カレーライスを楽しまれましたが、他の方の食事を見て「あれが食べたいなあ」とおっしゃられ、それからは皆様と同じ食事にされています（カレーライスを堪能されたのかもしれません）。

おもてなしの心を忘れずに接すること

最後に、ホスピタリティの精神を大事にしています。施設を利用されている方の多くは、何か思っていても私たちに気を使われたり、認知症の方は上手く伝えることができなかったりして、何かと我慢されていることが多くあると感じています。その方の生活歴や趣味、今までの行動パターンを考えて、ご不便に感じられていることがないかを想像し、先んじてご提案するよう努めています。

認知症というのは、病気の1つにすぎません。風邪をひけば熱が出ます。熱が出るからしんどくなり、しんどいから生活に支障が出るというのと同じで、記憶障害があるから現状の把握が難しくなり、現状の把握が難しいから物事が上手くできなくなり、上手くできないから生活に支障が出るのです。

例えば私たちが、右も左もわからない見知らぬ土地で1人になると、まず感じることは「不安」だと思います。認知症の方は、この「不安」を毎日毎日抱えて生活しています。様々な行動は不安から起こるものなのだと思います。

私たちが一番心がけているのは、認知症はただの病気であり、不安から起こる行動に対応するのではなく、不安に思っている利用者の方の気持ちに寄り添うこと、すなわち記憶に語りかけるのではなく、心に語りかけることを一番に考えて介護させて頂いています。

第５章　施設の選び方

１．施設の運営方針

利用者主体であること

利用者は、ケアマネの紹介や近所にあるグループホームを見学するなどしてから入所されることがほとんどですが、近年、入所施設紹介の専門業者も多くなりました。ですが、認知症の方だけではなく、高齢者にとって生活の場が変わるということは大きな負担となりますので、入所後に後悔しないように、しっかり自分の目で見極めることが重要です。

10年くらい前に私がお手伝いをしていた方の話ですが、その方の認知症が酷くなり、家族介護が限界になりグループホームの入所を希望されたため、１年前にできたばかりだという新しいホームをご家族と一緒に見学させてもらいました。

入った瞬間、人の気配はなく、静かというより陰気な雰囲気が漂っていました。施設長と言われる方が部屋に案内してくれて一通りの説明を受けたのですが、利用者の状態や入所に対する家族の思いを話そうとしても、そんなことはどうでもいいというような話しぶりで「私たちはプロですから、どんな方でも大丈夫ですよ。心配はいりません」と自信満々な態度でした。ご家族も何かを感じたのでしょう。私と2人、顔を見合わせ、それ以上は何も聞かず、お礼だけ言って帰りました。

外に出てからこんなところに入れたらかわいそうと、一瞬で2人の意見が一致したため、別の施設を探すことにしました。

これは極端な例だったかもしれません。他の施設はどうかというと、スタッフは「認知症の人はこういう人だからこういう対応をする」などといって施設側のマニュアルに沿って悪戦苦闘しながら頑張っている、そんな光景がよく見られます。ただ、頑張っている介護が良い介護とは限りません。良い施設では、その人の生き方や現状の残存能力、思いなど、その人の情報をしっかり収集して寄り添い、「認知症の人」ではなく「その利用者個人」を見ています。そして、頑張る介護ではなく楽しむ介護を実践しているようです。

看取りまで入所できるのか

グループホームは看護師の常勤が義務付けられていないため、基本的に医療行為を行えません。また、ＢＰＳＤが酷くなり手に負えなくなった場合には、退去を言い渡されることがあります。ですが、最近では看護師がいる施設や、病院と連携して診てくれるところもあります。ただし終身とはなっていないので、どの程度まで診てもらえるかなどの確認は事前にしておくべきです。

費用について

資料に書いてあるのは、ほとんど基本料金です。日常生活費や医療費など、思わぬ出費があります。特に注意したいのは健康状態が崩れた時にどうするかということです。どの程度まで施設で対応してもらえるのか、またそのための費用などもしっかり聞いておく必要があります。

病院への付き添いや買い物代行などは家族の者がするように言われる施設と、有料でしてくれる施設、無料で可能な施設など様々です。

その他、注意しておきたいこと

他に、入所後の連携が可能な距離にあるかや、体験入所ができるかどうかも確認しておくといいでしょう。

2. 見学する際の観察視点

施設職員の接遇

まず、施設職員の接遇です。にこやかで張りのある声で挨拶してくれるか。受付の際やすれ違う時の対応、利用者と接している姿などにも注意して、スタッフを観察してみてください。忙しそうにしていないか、投げやりとまではいかないまでも言葉や態度に優しさが感じられなかったり、するべきことはしているというような態度では、利用者の安らぎは得られないでしょう。

スタッフが利用者や来訪者に対して余裕を持ってにこやかに接していれば、きっと利用者のことを第一に考える良い施設だと言えるでしょう。そこで働く人たちの様子が、そのままその施設の考え方を映し出しているのではないかと思います。

利用者の表情

そこで過ごしている利用者の表情にも注目してみてください。無表情だったり、居眠りばかりしていたり、机に顔を伏せている人がいないでしょうか。他に、利用者の中でどのくらいの人たちが日中リビングで過ごしているのかを見てみれば、居心地が良い施設なのかどうかもある程度わかります。利用者と介護スタッフの会話が笑顔で行き交っていれば、入所しても安心だと感じられるでしょう。

施設内の環境（清潔感、雰囲気など）

共用部分（リビング）の雰囲気が明るく清潔感があるかどうかも重要です。良い施設とそうでない施設との差は施設内の雰囲気でほぼ決まります。やはり設立者や管理者の介護に対する思いが、そういう部分にも表れるのでしょうね。

これは多くの施設を観察してきた私個人の感想ですが、立派な志を持った上司のもとで働く職員たちは、介護サービスのクオリティーも高いように感じます。

おわりに

何とか原稿を書き上げることができました。

途中、自分でも情けなくなるような勘違いによる間違いや、記憶力低下による調べ直しの確認も多く、なかなか前に進めることができず時間がかかってしまいました。

何度も投げ出したくなり、何日かパソコンに向かえないこともありましたが、この先私自身がどうなっていくのかわからないだけに、治らないまでもＭＣＩに留まっていたいという気持ちや、少しでも多くの人たちのお役に立ちたいとの思いが励みになりました。

ＭＣＩについて学びながら気持ちが軽くなるのを実感し、これまでの経験を通して感じたことをまとめてみました。私と同じように不安を抱えている人たちに是非知ってもらいたいことばかりです。特に知ってほしかったのは、ＭＣＩや軽度認知症のレベルであれば、周りの理解や協力を得ながら自分の希望する生活を維持できるし、場合によっては改善できるかもしれないということです。

家族の誰かに認知症の気配を感じている方にも、認知症は決して怖い病気ではないことを知ってもらい、これで人生が終わりというものでもないことを理解していただけたらと思います。介護する人と介護される人が、お互いに納得できるような生活を送ってほしいと願っています。

執筆中に私が感じたのは、自分の恥をさらけ出すことによるメリットが、いかに大きいかということでした。自分自身の気持ちが軽くなり、声をかければ助けてくれる人がいることがわかりました。

近年、認知症医学が進み、認知症に対する考え方が変わってきています。認知症は怖い病気でもなければ恥ずかしい病気でもありません。認知症はそもそも病気ではないとも言われています。生活習慣病や脳血管障害、アルツハイマー病やその他多くの病気からなる症状の1つなのだそうです。どうか1人で悩まないでください。1人で頑張りすぎず「人間誰しも人に助けられながら生きている」のだと考えて、堂々と生きていけばいいのです。だから、認知症のカミングアウト、ウェルカムです。

現在、糖尿病を抱えている方や、身内や友人に糖尿病の人がいる方に、是非伝えたいことがあります。それは、糖尿病が厄介な病だということです。

糖尿病は痛くも痒くもなく、一般的に知られている三大合併症（網膜症・腎症・神経障害）は、すぐには現れません。私の場合は30年経った今も、良くはないでしょうが治療するほどのこともなく、この1年くらい前から手足の抹消神経が侵されつつあるようで、いくらか痺れが出始めている程度です。動脈硬化が気になるからと検査をしていただいても、良くないけどそれほど悪くもないそうです。血圧は平常（少し低め）であり、脂質異常症（高脂血症）もありません。体は太目ではあるものの肥満とまでは言えないそうで、アルツハイマーは高齢によるもので、糖尿病からなる血管性MCIでしょうとの診断でした。

健康な人には三大合併症は出にくいのかもしれませんが、糖尿病という病気は着々と静かに確実に身体を蝕んでいるのだということを忘れないでください。親から貰った健康な体を、もっと労ってほんの少し節制していれば、今でも仕事を続けて張りのある生活を送れていたのかもしれません。そう思うと悔やまれます。

どうか、死の四重奏とも言われる「糖尿病」「高血圧」「脂質異常症」「肥満」の方は、ほんの少しでもいいから節制を心がけてご自分の体を労ってください。そうすることで、少しでも認知症になるリスクが軽減されればと願っています。

ところで、私のような語彙力で伝えたいことを読者に正しく理解してもらえるだろうかという不安がありました。そこで、挿絵を使って補ってみてはどうかと考えましたが、残念ながら絵心など私には全くありません。ところが幸いにも、家族同様に付き合ってきた友人の娘さん（芝村友美さん）が小さい頃から絵が好きで、漫画もよく描いていたというので、これ幸いと協力をお願いしたところ、思っていた以上の可愛らしいイラストを入れることができました。

また、これまで困った時などに何かと相談に乗ってもらっていた私の師匠ともいえる友人に、基礎的な文章の書き方を教えてもらい、どんなイラストや図を挿入したらいいのかなど、本の形になるような構成を考えて頂きました。

グループホームで管理者として長年認知症の人たちの支援をしている友人の坂上博

彦氏をはじめ多くの方々に、認知症に対する思いを聞かせてもらい、参考にさせて頂きました。

本を出版することなど、私1人ではとても成し得なかったことでしょう。MCIという症状を持ちながらも、こうして私ができる最後の仕事を終えられたのは、多くの人たちが協力してくれたおかげだと思い、しみじみ感謝しております。

＊裏表紙にある「ひまわりの花の絵」について

介護サービスの利用者として、難病であるＡＬＳ（筋萎縮性側索硬化症）の方と初めてお会いした時のことです。

その方は、発病前は生け花を教えておられたそうで、病の進行とともに、自分で動くことも話すこともできなくなっていたのですが、脳機能は健在なため、文字盤を使って眼球の動きでコミュニケーションを取られていました。私が自己紹介をして、利用者の思いを理解するため文字盤を掲げると、目でゆっくり追ってくれます。それを一文字ずつ言葉にすると、あっていれば一度瞬きをしてくださいます。その時に言われた言葉が「ひまわり」でした。

一瞬何のことかわかりませんでしたが、側にいた娘さんが「初めて会った時に感じたその人のイメージを花に例えることが母の楽しみなのです」と説明してくれました。「ひまわり」に例えて頂いた嬉しさと、ご自分の体が大変な状態であるにもかかわらず、人に対してこんなにも穏やかで優しい気持ちを持って接しておられる、その強さに感激しました。

20年以上も前のことですが、表紙にどんなイラストを載せたらいいだろうと考えている時に、ふっとその方のことが思い出され、私もあの人のように素敵な人生の終わり方をしたい、彼女にあやかりたいと思い、「ひまわりの絵」にしたのです。

微風　幸子（そよかぜ　さちこ）

1945年10月9日生まれ。

1996年に母が脳梗塞を発症し、入院。その病院で働く看護師やリハビリを行うPT（理学療法士）、OT（作業療法士）の姿を興味深く観察しているうちに、病院で完治できず退院する人たちのお手伝いがしたいと思うようになり、介護についての勉強を始めた。

2000年、介護保険制度が出来た時から介護や福祉に関する資格を取得し始め、介護事業をスタート。

介護福祉士やケアマネージャーとしての経験を生かして、介護スタッフの研修講師などを務めてきた。

2017年末に、前からおかしいと思っていた認知症らしき症状が進んでいるようなので、心残りではあったものの会社を閉めてフリーとなり、執筆活動を始める。


私って認知症!? ～認知症かも？と不安な人、家族の介護で悩む人へ～

2019年10月7日　第1刷発行

著　者　微風幸子
発行人　大杉　剛
発行所　株式会社 風詠社
〒553-0001　大阪市福島区海老江5-2-2
大拓ビル5 - 7階
Tel 06（6136）8657　http://fueisha.com/
発売元　株式会社 星雲社
〒112-0005　東京都文京区水道1-3-30
Tel 03（3868）3275
装幀　2DAY
印刷・製本　シナノ印刷株式会社
©Sachiko Soyokaze 2019, Printed in Japan.
ISBN978-4-434-26592-1 C0077

乱丁・落丁本は風詠社宛にお送りください。お取り替えいたします。